falsafa.
Horizonte islamischer Religionsphilosophie

Herausgegeben von
Ahmad Milad Karimi

Band 7

Ahmad Milad Karimi [Hrsg.]

Ästhetik des Bösen

Religiöse und
filmisch-serielle Zugänge

VERLAG KARL ALBER

Kalligrafie auf dem Cover: Iyad Shraim, auf Arabisch: »Zwei Seelen wohnen, ach! In meiner Brust, / die eine will sich von der anderen trennen.« (Goethe, Faust I, V. 1112f.)

**Ministerium für
Schule und Bildung
des Landes Nordrhein-Westfalen**

Zentrum für
Islamische
Theologie

WWU

GEFÖRDERT VOM

Bundesministerium
für Bildung
und Forschung

Die Deutsche Nationalbibliothek verzeichnet diese Publikation in der Deutschen Nationalbibliografie; detaillierte bibliografische Daten sind im Internet über http://dnb.d-nb.de abrufbar.
ISBN 978-3-495-99612-6 (Print)
ISBN 978-3-495-99613-3 (ePDF)

Onlineversion
Nomos eLibrary

1. Auflage 2023
© Verlag Karl Alber – ein Verlag in der Nomos Verlagsgesellschaft mbH & Co. KG, Baden-Baden 2023. Gesamtverantwortung für Druck und Herstellung bei der Nomos Verlagsgesellschaft mbH & Co. KG. Alle Rechte, auch die des Nachdrucks von Auszügen, der fotomechanischen Wiedergabe und der Übersetzung, vorbehalten. Gedruckt auf alterungsbeständigem Papier (säurefrei). Printed on acid-free paper.

Besuchen Sie uns im Internet
verlag-alber.de

Inhaltsverzeichnis

Geleitwort des Herausgebers 7

Walter Lesch
Zur Ästhetik des Bösen im Kontext von Moral und Religion
Das Beispiel von *House of Cards*. 11

Thomas Jürgasch
Ein Dunkel, das im Hellen strahlt
Konzeptionen des Bösen in der frühchristlichen und in der klassisch-islamischen Tradition und in Christopher Nolans *The Dark Knight* . . . 33

Konrad Paul Liessmann
Böser Eros? – Zur Ästhetik der Verführung 59

Reinhold Zwick
Der Serienkiller als Figuration des ultimativ Bösen
Überlegungen zu *The House that Jack built* von Lars von Trier. 75

Ahmad Milad Karimi
Der begehrende Mensch
Hank Moody und die existentielle Revolte 101

Maryam Palizban
Performativität des Bösen
Die Trennung von Gut und Böse in Ta'ziya als ein schiitisches Theater-Ritual 119

Inhaltsverzeichnis

Iyad Shraim
**Figurationen des Bösen in Goethes *Faust* und das *Faustische*
in der arabischen Literatur**   135

Zu den Autorinnen und Autoren   147

Geleitwort des Herausgebers

Zu einer der wichtigen und gemeinsamen Momente der Religionen und der filmisch-seriellen Narrationen gehört die Wirklichkeit des Bösen. Doch die Frage danach, wie sich das Böse begreifen lässt, ist kaum eindeutig fassbar. Die Uneindeutigkeit und Mehrdeutigkeit des Bösen, die religiös mannigfach kultiviert ist, literarisch kulturübergreifend omnipräsent ist, prägen auch die höchst komplexen und ästhetisierenden Darstellungen innerhalb der filmisch-seriellen Narrationen. Das Böse als Frage und Gegenstand der Religion wird zudem als Motiv und Spielelement des Filmischen und mithin Seriellen aufgegriffen, die aber das Religiöse in einer neuen Intensität und Dimensionalität herausfordern. Der polyphone Charakter des Bösen vor allem in den Qualitätsserien zeigt auch die Ambiguität des Bösen, dass wir es mit einer Mehrdeutigkeit und Vielstimmigkeit des Bösen zu tun haben, die ihre jeweiligen Fragen, ihren Reiz, ihr Scheitern und ihre Wirklichkeit plastisch artikulieren. Jeder Charakter hat dabei eine eigene Atmosphäre, eine eigene Lebenswelt, die von eigenen Bildern, Mythen und von einer eigenen Ästhetik geprägt sind. Es zeigt sich immer wieder, ob im Judentum, Christentum oder Islam, ob in *Breaking Bad*, *Game of Thrones* oder *The Affair*, dass zur Nomenklatur des Bösen vor allem ein Wesen gehört, das wir selbst sind. Insofern ist die Frage nach dem Bösen zugleich auch eine Frage nach uns selbst. Oder ist das Böse immer der Andere, der Leugner, der Ungläubige, der Unreine, der Unwissende? Es sind gerade die Religionen selbst, die das Böse zuweilen figurativ und personell bestimmen. So wie auch das Böse filmisch-seriell aufgenommen wird, indem es einen Namen, eine Biografie, eine Tragödie hat; es hat eine Stimme und eine Gestalt. Es sind moderne Protagonist:innen der Qualitätsserien, die einfach nur reizvoll böse sind, ob es sich dabei um Tony Soprano, Frank Underwood, Walter White, Dexter Morgan, Lucifer oder viele andere handelt. Und vielleicht deshalb ziehen sie uns an, weil wir ein Stück von uns selbst darin erkennen, beobachten, kosten und aneignen. Auf der anderen Seite sind Luzifer, Satan, Teufel, Iblīs nicht nur bloße Namen. Das Böse hat womöglich einen Anspruch, einen Standpunkt. Ist das Böse vor diesem

Hintergrund der eigentliche Protagonist im Leben Gottes, an dem wir teilhaben dürfen?

Letztlich sind es die Religionen, die versprechen, dass es eine Hölle gibt, einen (vor-)letzten Ort, eine würdige Bestimmung für das Böse, für alles Böse, aber wessen Hölle ist sie? Und was sagt sie über ihren Schöpfer aus?

Die filmisch-seriellen Narrationen, die in dem vorliegenden Band vielfach thematisiert werden, gehen insbesondere auch der Frage nach, wie das Böse sichtbar wird und wie wir mit dieser Visualität umgehen.

Der erste Beitrag von Walter Lesch geht der Frage nach dem Bösen im Beziehungsdreieck von Religion, Moral und Kunst nach und zeigt beispielhaft an der Serie *House of Cards* die ästhetische Verarbeitung und Darstellung des Bösen. Der nächste Artikel von Thomas Jürgasch beschäftigt sich mit frühen christlichen und klassisch islamischen Konzeptionen des Bösen mit einem Fokus auf der Figur des Jokers aus Christopher Nolans Film *The Dark Knight*. Den Akt und die Ästhetik des Verführens untersucht Konrad Paul Liessmann anhand der Schriften von Sören Kierkegaard am Beispiel der US-Serie *Homeland*. Reinhold Zwick zeigt am Beispiel eines Films von Lars von Trier die filmische Darstellung des Bösen in der Figur des Serienkillers auf. In seinem Beitrag bezieht sich Ahmad Milad Karimi auf die Serie *Californication* und geht dabei aus islamisch-theologischer Sicht der Frage nach, wie zum einen die Begierde zum Scheitern führt und zum anderen, wie sich aus diesem Scheitern heraus eine existentielle Revolte artikuliert. In ihrem Aufsatz thematisiert Maryam Palizban die Gegenüberstellung von Gut und Böse im schiitischen Theater-Ritual der *Ta'ziya*. Den Abschluss bildet der Artikel von Iyad Shraim, der sich des Faust-Mythos in der arabischen Literatur und der Gestaltung des Bösen darin annimmt. Damit wurde der Zielsetzung des Bandes, sich dem Bösen im Spannungsfeld der religiösen und filmisch-seriellen, literarischen und theaterwissenschaftlichen Narrationen perspektivisch aus genuin ästhetischer Hinsicht anzunähern, Rechnung getragen.

Der vorliegende Band stellt die Dokumentation einer interreligiösen und -disziplinären Fachtagung dar, die am Zentrum für Islamische Theologie der Westfälischen Wilhelms-Universität Münster stattgefunden hat. Die Vollendung dieses Bandes, die aufgrund der globalen Pandemie einige Verzögerungen dulden musste, verpflichtet zum Dank. Dem Verlag Karl Alber, insbesondere der Lektorin, Frau Maria Saam, danke ich für die kompetente und hervorragende Zusammenarbeit. Besonders danke ich Frau Aise Birinci für ihre mühevollen und umsichtigen Korrekturarbeiten und sorgfältige redaktionelle Arbeit. Zudem danke ich herzlich Frau Martina Kaluza für das vorzügliche Lektorat und die Korrekturarbeiten der Beiträge. Und schließlich danke ich Herrn Dr. Iyad Shraim, der erneut mit einer Kalligrafie das Titelbild des Bandes ästhetisch bereichert hat.

Münster, im Frühjahr 2023   Ahmad Milad Karimi

Walter Lesch

Zur Ästhetik des Bösen im Kontext von Moral und Religion

Das Beispiel von *House of Cards*

Die Beziehungen zwischen Ethik und Ästhetik sind ein fest etabliertes Forschungsfeld, das oft um die Religion als dritter Dimension in einem Beziehungsgeflecht erweitert ist, von dem behauptet wird, drei fundamentale Aspekte menschlicher Existenz in den Blick zu nehmen: die Suche nach normativer Orientierung in ethischer Hinsicht, die Beschäftigung mit der Erfahrung des Schönen aus der Perspektive der Ästhetik und die Sinnfrage im Bereich der Religion.[1] Diese Konstellation erinnert an einen auf die mittelalterliche Scholastik zurückgehenden Dreiklang eines metaphysischen Grundmusters, das im Zusammenspiel des Wahren, des Guten und des Schönen Voraussetzungen benennt, die angeblich allem Seienden gemeinsam sind. Die Harmonie einer aus solchen Verschränkungen sich zwanglos ergänzenden Perspektive ist seit Jahrhunderten fraglich geworden. Denn sie setzt ein Weltbild voraus, in dem Kunst, Moral und Religion sich in einem einheitlichen Wahrheitsverständnis treffen. Genau das ist aber in Kontexten der Moderne und Postmoderne strittig. Die im traditionellen Dreiklang angesprochenen Wertsphären haben sich als autonome Bereiche emanzipiert und durch klare Abgrenzungen etabliert, und zwar auf allen Ebenen des einstmals plausiblen Beziehungsdreiecks.[2]

---

[1] In der Tübinger Schule »narrativer Ethik« wurden in diesem Zusammenhang zahlreiche Qualifikationsarbeiten von Dietmar Mieth begleitet und gefördert. Der Autor fühlt sich diesem inspirierenden Umfeld verbunden, in dem vor mehr als drei Jahrzehnten ein unkonventioneller akademischer Weg begann. Vgl. Mieth, D. (Hg.): Über Erzählen und Moral. Narrativität im Spannungsfeld von Ethik und Ästhetik. Tübingen 2000.
[2] Vgl. dazu Lesch, W.: »Il bello – il vero – il sacro. Ricostruzioni filosofico-teologiche«, in: Zordan, D. (Ed.): Riflessi di bellezza. Arte e religioni, estetica e teologia (Scienze religiose. Nuova serie, 16), Bologna 2007, S. 157–171.

Ethik, Ästhetik und Religionsphilosophie machen je eigene Kategorien und Codierungen geltend und sind mit Querverbindungen so vorsichtig, dass bestenfalls auf den zweiten Blick Überschneidungen thematisiert werden, die ideengeschichtlich und in der Erfahrung der Menschen nie ganz verloren gingen. Dabei handelt es nicht selten um die Kompensation offener Fragen, die sich aus einem radikalen Verständnis der jeweiligen Autonomie der drei Bereiche ergaben. In der Ethik begegnet uns diese Irritation schon in der Doppelcodierung ihres Gegenstands: der Unterscheidung von ›richtig‹ und ›falsch‹ bzw. von ›gut‹ und ›böse‹. Während unter nachmetaphysischen Vorzeichen Richtiges und Falsches in einer rationalen Verständigung über gültige Regeln zu benennen sind, enthält die Dichotomie zwischen dem Guten und dem Bösen noch Spuren einer Weltsicht, die auch religiös geprägt sein kann. Die Ästhetik hat sich mit ihrer Vorstellung des autonomen Kunstwerks sowohl von moralischen als auch von religiösen Einschränkungen befreit. Was in künstlerischer Kreativität und in ästhetischer Erfahrung relevant ist, lässt sich weder durch moralische noch durch religiöse Zensurinstanzen reglementieren oder gar verbieten. Folglich hat sich die moderne Kunst nie vor Konfrontationen mit einem Establishment gescheut, das die guten Sitten und den rechten Glauben gegen die Freiheit der Kunst in Position bringen wollte. Religion hat in ihren organisierten und reflektierten Formen ein ambivalentes Verhältnis zu Ethik und Ästhetik. Sobald Moral und Kunst nicht mehr im Dienst einer mehr oder weniger selbstverständlich geteilten Glaubenshaltung stehen, werden sie suspekt. Andererseits eröffnet sich durch diese Abkopplung für die Religion die Möglichkeit, ihr eigenes Feld unabhängig von moralisierenden Haltungen und ästhetisierenden Standards als unverwechselbare Sphäre zu konstituieren.

Die Beziehungen zwischen Moral, Kunst und Religion – und zwischen den sie reflektierenden philosophischen Disziplinen Ethik, Ästhetik und Religionstheorie (in ihren vielfältigen Ausprägungen) – ließe sich am angemessensten in Form von drei sich überschneidenden Kreisen veranschaulichen, die sowohl die eigenständigen Bereiche symbolisieren als auch die Teilschnittmengen von jeweils zwei benachbarten Feldern und die Überlappung aller drei in einem gemeinsamen Feld, das die alte Frage der Transzendentalien offenhält – in ihrer traditionellen Form[3] oder in einer noch zu bestimmenden neuen Gestalt.

---

[3] Eine nostalgische Rückkehr zu diesem Paradigma ist nicht beabsichtigt, auch wenn dessen heuristische und strukturierende Funktion nicht zu leugnen ist.

Der besondere Reiz der Dreierkonstellation ist das Auffinden von bedenkenswerten Fragen und Antwortversuchen in einem jeweils anderen Feld. Die Ethik neigt gemäß der ihr eigenen Logik zur einer Moralisierung des Bösen und damit zu dessen klarer Verurteilung. Dabei ist es zweitrangig, die Beweggründe einer bösen Tat zu begreifen, da sich dadurch am Ergebnis einer prinzipiellen Verwerflichkeit nur wenig ändert. Andererseits ist jedes ethische Urteil auf eine anthropologische Einordnung seiner Kriterien angewiesen und kann insofern der Erfahrung des Bösen und der schuldhaften Verstrickung nicht ausweichen. Die Ästhetik kann sich die Freiheit nehmen, das Böse als eine rein ästhetische Kategorie in den Blick zu nehmen. Aus streng ethischer Sicht kommt das einer Verharmlosung gleich, was aber dem Ernst der ästhetischen Erfahrung nicht ganz gerecht wird. Religiöse Traditionen haben recht unterschiedliche Strategien im Umgang mit dem Rätsel des Bösen verfolgt und waren damit im Gespräch mit der Philosophie mal näher bei einer ethischen, mal näher bei einer ästhetischen Zugangsweise.[4] Dualistische Weltbilder und Mythologien bieten ein unerschöpfliches Repertoire für die ästhetisch produktive Inszenierung von Kämpfen zwischen Kräften des Guten und des Bösen. Die monotheistischen Religionen haben mit ihrer Distanzierung vom Dualismus in unterschiedlicher Intensität eine anspruchsvolle Systematik entwickelt, die vor allem durch die Erfahrung des Bösen ins Wanken gerät.[5]

Die folgenden Ausführungen versuchen sich den einleitend skizzierten Fragen in vier Schritten zu nähern. Zunächst wird dargelegt, welche Irritationen von einer Aufwertung der Ästhetik des Bösen[6] ausgehen (1.). Das darin enthaltene Konfliktpotential wird sodann durch eine Konfrontation mit moralischen und moralisierenden Sichtweisen analysiert (2.). Die gewonnenen Einsichten werden drittens am Beispiel der international erfolgreichen US-amerikanischen Serie *House of Cards* diskutiert, die in einer politischen Fiktion mit der Faszination des Bösen spielt und sporadische Bezüge auf das Thema Religion aufweist (3.).

---

[4] Vgl. aus der vielfältigen philosophischen Literatur über das Böse: Noller, J.: Theorien des Bösen zur Einführung. Hamburg 2017; Safranski, R.: Das Böse oder Das Drama der Freiheit. München 1997; Neimann, S.: Evil in Modern Thought. An Alternative History of Philosophy. Princeton/Oxford 2002; Kearney, R.: Strangers, Gods and Monsters. London 2003; Ophir, A.: The Order of Evils. Toward an Ontology of Morals. New York 2005.
[5] Zum Überblick: Laube, J. (Hg.): Das Böse in den Weltreligionen. Darmstadt 2003; Schipper, B. U.: »Das Böse in den Religionen«, in: Seybold, S. (Hg.): All About Evil. Das Böse. Mainz 2007, S. 18–25.
[6] Vgl. für den Bereich der Literatur: Alt, P.-A.: Ästhetik des Bösen. München 2010.

Abschließend wird die Fiktion der Serie zur Realität in Beziehung gesetzt, was aus methodischen Gründen als problematisch anzusehen ist, im gegebenen Fall aber eventuell zu neuen Erkenntnissen führt, die für den Umgang mit der Dynamik von Kunst, Moral und Religion von Bedeutung sein kann (4.).

1. Schrecken und Schönheit des Bösen

Kurz vor seinem Tod im Herbst 2016 veröffentlichte der kanadische Sänger und Autor Leonard Cohen sein letztes Studioalbum, in dessen Titelsong *You want it darker* ein Mensch sich klagend und anklagend an seinen Gott wendet, der das Versprechen von Hilfe, Liebe und Erlösung niemals eingelöst hat. Der Mensch bleibt mit seinem Leiden und seiner Verwundbarkeit auf sich gestellt und fragt Gott, ob er es noch düsterer haben möchte, wenn die Flamme der Hoffnung erlischt. Die sprechende Person leugnet die Existenz Gottes nicht, sondern präsentiert sich in biblischer Geste mit dem hebräischen *Hineni* (Hier bin ich), Abrahams lapidarer Antwort auf Gottes Frage »Wo bist du?« in dem Moment, als Abraham das Messer gegen seinen Sohn Isaak erhebt (Genesis 22,11). Was von außen gesehen wie Blasphemie klingt, ist aus der Vertrautheit mit der Religion die selbstbewusste und schonungslose Rede der Kreatur, die ihrem Schöpfer gegenübertritt und ihn zur Rechenschaft zieht. Wer so sprechen kann, steht in der Tradition von Hiob, dessen Glaube durch die Erfahrung von Krankheit und Unrecht auf die Probe gestellt wurde. Cohens *Hineni, hineni, I'm ready, my lord* geht nahtlos über in Klage und Anklage an die Adresse eines Gottes, der wie ein Dealer und Spieler wirkt, dem das millionenfache Leid seiner geschundenen und gekreuzigten Geschöpfe gleichgültig zu sein scheint.

Cohens Song zitiert im gleichen Atemzug den Anfang des jüdischen Totengebets *Kaddisch* mit dem Lobpreis des heiligen Namens Gottes im Angesicht des Todes: *Magnified, sanctified, be thy holy name*. Es passt, dass die Aufnahme von *You want it darker* von einem Synagogenchor aus Westmount (Montreal) begleitet wurde. Im Brennpunkt eines unkonventionellen und dennoch in der jüdischen Tradition verankerten Songs wird deutlich, wie sehr eine aufgeklärte Religion über die spezifische Kompetenz verfügt, Leiden zu thematisieren und fromme Ausflüchte zu vermeiden. In der Konfrontation mit den Schattenseiten des Lebens wirkt billiger Trost peinlich, eine kraftvolle Sprache der authentischen Klage hingegen hilfreich. Die Intimität einer gewachsenen Glaubenshaltung ermöglicht die Ästhetik des schonungslosen Artikulierens von Zweifel, Empörung und Kritik an einer undurchsichtigen göttlichen Autorität. Dieser düstere Todesgesang bleibt dennoch eingebettet in einen Lobpreis, der nicht mit einer naiven Beschwichtigungsrhetorik – die wäre mit den Worten des Songtexts ein *lullaby for suffering* – zu verwechseln ist.

Eine solche religiös gefärbte Sprache ist von erschreckender Schönheit: Sie ist Religionskritik und traditionsverbundene Religionsbejahung zugleich. Sie lässt die Frage offen, ob es auf die Menschheitsfrage des Umgangs mit dem Bösen eine überzeugende Antwort geben kann. Die Unausweichlichkeit der Frage ist die offene Wunde einer jeden Doktrin, die im Bemühen um Kohärenz und Verbindlichkeit diesen Spalt in der guten Schöpfung ausblenden will. Der Riss ist da, als Schmerz physisch spürbar und kann nur um den Preis der Realitätsverleugnung zum Verschwinden gebracht werden. Letztlich wird das Gottesbild an einem moralischen Maßstab gemessen, so dass die Konfiguration von religiöser, moralischer und ästhetischer Erfahrung in ein spannungsreiches Kräfteverhältnis gebracht wird. Das geschieht auch und gerade im Genre des Gebets.

Die moderne Ästhetik hat diese der Religion innewohnenden sprachlichen Möglichkeiten meist nicht im Blick, wenn sie sich der eigenen kompromisslosen Ausdrucksformen rühmt. Kunst präsentiert sich gerne als radikal frei: frei von moralischem Regelwerk und erst recht frei von religiöser Bevormundung. Daher eignet sie sich so gut zur Inszenierung von Skandalen, die unter manchen gesellschaftlichen Voraussetzungen Mut erfordern, in anderen weniger, sofern es keiner besonderen Anstrengung bedarf, die angeblich so rigiden Konventionen zu brechen. Die Berufung auf eine grenzenlose künstlerische Freiheit gerät zur Farce, wenn sie als unantastbare Lizenz zu jeglicher Form von Meinungsäußerung benutzt wird. Selbstverständlich ist die Freiheit der Kunst ein hohes Gut. Sie wird aber als luxuriöse Spielwiese missverstanden, wenn ästhetische Experimente nicht mehr der Erkundung von Freiheitsräumen dienen, sondern ein Vorwand für die Flucht aus der Wirklichkeit. Ästhetizismus verwandelt sich dann leicht in Eskapismus ohne jeden kritischen Impuls und ohne selbstreflexive Distanzierung.

Die Skepsis angesichts des Ausweichens in Sonderwelten der Kunst sollte aber nicht vergessen lassen, dass die künstlerische Freiheit in einem langen Prozess erstritten wurde und sich bis heute gegen Einschränkungen zur Wehr setzen muss. Kunstfreiheit ist ein Markenzeichen einer freien und offenen Gesellschaft. Ihre Abwesenheit ist in der Regel in sicheres Indiz dafür, dass auch ansonsten Menschenrechte mit Füßen getreten werden.

Der Umgang mit Kunst wird zur befreienden und irritierenden Erfahrung, sobald die Autorität einer zentralen Deutungsinstanz in Weltanschauungsfragen in die Defensive gerät. Die dominante Weltdeutung durch Religionen oder politische Ideologien bekommt Konkurrenz durch alternative Sichtweisen, sofern diese denn überhaupt den Anspruch erheben, eine umfassende Doktrin der Lebensführung darzustellen, die keine Abweichungen erlaubt. Letzteres ist ja in der Regel mit der Verteidigung von Freiheitsrechten gar nicht vereinbar. Aber es genügt, in anderer Weise mit den Hütern einer etablierten Ordnung in Konflikt zu geraten. Dies sei am Beispiel von zwei unterschiedlichen Perspektiven der Ästhetik verdeutlicht. Der übliche Fokus der ästhetischen Betrachtung ist die Beschreibung und Bewunderung von Schönheit, deren Faszinationskraft Menschen in ihren Bann zieht. Eine solche Verehrung von Schönheit impliziert die Möglichkeit, eine plausible Alternative zur religiösen Haltung zu werden, da sie als deren strukturelles Äquivalent erfahrbar ist. Die Mutation von Kunst zum Religionsersatz ist ein kraftvoller gesellschaftlicher Trend, der daran abzulesen ist, dass Museen und Ausstellungshallen als Orte der Kontemplation und Sinnsuche den immer leerer werdenden Gotteshäusern den Rang ablaufen. Im Extremfall wird Religion ihrerseits museal und hat nur noch Bestand, wenn sie ästhetischen Standards der Selbstpräsentation gerecht wird.

Eine andere Konfliktgeschichte moderner Ästhetik kreist um die Fähigkeit der Kunst, das Terrain besänftigender Schönheit zu verlassen und mit der faszinierenden Schönheit des Abgründigen, Sperrigen, Grausamen, Unverständlichen und Bösen zu spielen. Hier kommt explizit die Kategorie des ästhetisch Bösen zum Zuge, das sich einer sicheren moralischen Einordnung entzieht.[7] Kunst verfügt über die Mittel, menschliche Bosheit und Hässlichkeit darzustellen, Leiden und Grausamkeit zu thematisieren, und zwar nicht nur mit der didaktischen Absicht der Abschreckung und des Aufrufs zur Zivilisierung und Humanisierung. Im Umgang mit Naturgewalten und Katastrophen wurde in der ästhe-

---

[7] Die folgenden Passagen greifen in neuen Formulierungen auf Überlegungen in einem älteren Beitrag zurück: Lesch, W.: »Das Spiel mit dem ›Unmenschlichen‹. Ethische und theologische Aspekte einer Ästhetik des Bösen«. In: Müller, W. E., J. Heumann (Hg.): Kunst-Positionen. Kunst als Thema gegenwärtiger evangelischer und katholischer Theologie. Stuttgart 1998, S. 81–95.

tischen Theorie das Erhabene als eigenständige Kategorie entwickelt, die darauf verweist, dass gewisse Erfahrungen die Sinnhaftigkeit des Schönen sprengen und uns mit Phänomenen konfrontieren, die uns hilflos machen, aber auch staunend in Anbetracht der Wucht, mit der Lebensgrundlagen zerstört werden können. Aus dem sicheren Abstand des Beobachtens bleiben Grausamkeit, Gewalt, Hässlichkeit und Zerstörung ambivalent und kippen bisweilen von der Panik in die Faszination.[8]

Der Literaturwissenschaftler Karl Heinz Bohrer gehörte zu den prominentesten Autoren, die das sogenannte Imaginationstheorem des Bösen stark gemacht haben.[9] Er kritisierte, dass gerade Menschen, die sich für besonders aufgeklärt halten, ein gestörtes Verhältnis zur Sphäre des Scheins haben. Sie begehen einen Kategorienfehler, indem sie das in der Kunst Dargestellte für eine Repräsentation von Wirklichkeit halten. Der böse Mensch im Film oder im Roman wird getadelt, als sei er ein reales Gegenüber. Dahinter stehe eine Angst vor dunklen Mächten, die mit dem Vorwand operiere, jeglicher Art von Obskurantismus den Kampf anzusagen. Damit ist aber der Konflikt mit ästhetischen Phänomenen vorprogrammiert, die nicht in ein moralisch aufgeladenes Rationalitätsverständnis einzuordnen sind. Was nicht in ein aufklärerisches Deutungsschema passt, wird als krank, pervers oder wertlos aussortiert. Es sei daran erinnert, dass fast alle großen literarischen Werke des (französischen) 19. Jahrhunderts nach ihrem Erscheinen zunächst in Konflikt mit Zensur und Justiz gerieten: Baudelaires *Les Fleurs du Mal* oder Flauberts *Madame Bovary* (beide 1857). Dabei sind es aber gerade diese umstrittenen Autoren der Moderne – von Baudelaire bis Kafka –, durch die sich eine autonome Sphäre der Kunst etablieren konnte und die heute ihren festen Platz im Kanon der international anerkannten Schriftsteller haben.

Bohrer geht mit einer, seiner Meinung nach in der universitären Literaturwissenschaft immer noch anzutreffenden, Bigotterie ins Gericht, die an einer pädagogischen Zähmung des imaginativen Bösen arbeitet und sich durch die Selbstverpflichtung auf vorbildliches Engagement und auf Abwehr des Bedrohlichen legitimiert sieht. Das deutsche Trauma mit dem realen Bösen mag dabei eine nicht zu unterschätzende

---

[8] Vgl. zu einer Auslotung der Grenzen der Ästhetisierung von Gewalt: Lesch, W.: »Über Terror«, in: Ders., Übersetzungen. Grenzgänge zwischen philosophischer und theologischer Ethik (Studien zur theologischen Ethik, 139). Freiburg i. Ue./Freiburg i. Br. 2013, S. 169–184.
[9] Vgl. Bohrer, K. H.: Imaginationen des Bösen. Zur Begründung einer ästhetischen Kategorie. München 2004.

Rolle gespielt haben. Ein prominentes Beispiel ist Thomas Manns Roman *Doktor Faustus*, in dem in bildungsbürgerlicher Manier das Faust-Motiv zitiert, aber nicht wirklich ausgelotet wurde. Der Autor war wie gelähmt durch eine Angst vor der »Zerstörung der Vernunft« durch die Kontamination mit dem Bösen.

Die Hypothese einer typisch deutschen Scheu im Umgang mit der Imagination des Bösen bestätigt sich aus dem Blickwinkel vergleichender Literaturwissenschaft, die schon häufig bemerkt hat, dass die Sensibilitäten in der französischen Tradition etwas anders gelagert sind. Hier gab es – nicht zuletzt vermittelt durch eine besondere Nietzsche-Rezeption – eine unverkrampftere Sicht auf die Bedeutung des ästhetisch Bösen als Provokation an die Adresse von Kunst, Moral und Religion. Fulminante Essays wie George Batailles *La littérature et le mal* (1957)[10] zeugen von einem kulturell anders gerahmten Ansatz, der sich leichter von moralisierenden Wertungen und entsprechenden Kategorienfehlern abgrenzen kann, weil der transgressive Charakter von Kunst als selbstverständlich vorausgesetzt wird.

Abschließend soll in diesem ersten Abschnitt zu Schrecken und Schönheit des Bösen noch ein Aspekt eingeführt werden, der für den weiteren Gedankengang von Interesse ist: die Serialität in der Darstellung des ästhetisch Bösen. Anders gesagt: Was passiert, wenn wir vom isolierten Phänomen zum Gesetz der Serie übergehen? Der serielle Charakter von Verbrechen und Intrigen verstärkt den Eindruck des Monströsen und erzeugt zugleich eine Spannung, die mit der Frage spielt, ob das Böse zu weiteren Raffinessen fähig ist oder ob das Gute eine Chance hat. Im Genre des Kriminalromans oder -films, der vielleicht erfolgreichsten Vermarktung einer Ästhetik des Bösen, bleibt ein konventionelles Weltbild oft insofern intakt, als die Ermittlung von Tätern der Bestätigung eines Gerechtigkeitsempfindens dient, wonach die Bösen zur Rechenschaft zu ziehen sind. Ob das gelingt, ist aber keineswegs gewiss, so dass schon in dieser herkömmlichen Narration zumindest die Möglichkeit des Scheiterns der Guten und somit ein Triumph des Bösen einkalkuliert wird.

Die Konstruktion eines Spannungsbogens über die vielen Episoden einer Serie ist eine Strategie der Konstituierung eines treuen Publikums, das sich mit dem Ritual des regelmäßigen Lesens/Sehens einverstanden erklären muss (wie einst beim regelmäßigen Gottesdienstbesuch) und mit den Machern der Serie eine besondere Art eines ungeschriebenen

---

[10] Bataille, G.: La littérature et la mal. Paris 1990.

Vertrags abschließt. Ob es sich um einen Pakt mit dem Teufel handelt, muss sich erst noch herausstellen.

2. Die Moral als Spielverderberin

Im Rollenspiel von Ethik und Ästhetik scheint die Ethik zum weniger attraktiven Part verurteilt zu sein. Ihr wird die Aufgabe zugeschrieben, mit strengem Blick über die Einhaltung von Regeln zu wachen und mit großem Ernst neue Normen für bisher ungekannte Herausforderungen zu entwickeln. Zum Spielen sind ihre Fürsprecher meist nicht aufgelegt. Deshalb blicken sie mit Argwohn auf die spielerischen Möglichkeiten der Kunst, deren Flirt mit den Imaginationen des Bösen nicht eines gewissen Charmes entbehrt.

Friedrich Nietzsche hat der Moralphilosophie seiner Zeit ein vernichtendes Urteil ausgestellt, das in so manchen ethisch-ästhetischen Debatten unserer Zeit nachhallt.

> »Man vergebe mir die Entdeckung, dass alle Moral-Philosophie bisher langweilig war und zu den Schlafmitteln gehörte – und dass ›die Tugend‹ durch nichts mehr in meinen Augen beeinträchtigt worden ist, als durch diese *Langweiligkeit* ihrer Fürsprecher; womit ich noch nicht deren allgemeine Nützlichkeit verkannt haben möchte. Es liegt viel daran, dass so wenig Menschen als möglich über Moral nachdenken, – es liegt folglich *sehr* viel daran, dass die Moral nicht etwa eines Tages interessant werde! Aber man sei unbesorgt! Es steht auch heute noch so, wie es immer stand: ich sehe Niemanden in Europa, der einen Begriff davon hätte (oder *gäbe*), dass das Nachdenken über Moral gefährlich, verfänglich, verführerisch getrieben werden könnte, – dass Verhängniss darin liegen könnte!« (Nr. 228)[11]

Nun ist es aus philosophischer Sicht nicht unbedingt erstrebenswert, die Ethik mit dem geheimnisvollen Hauch des Verführerischen interessanter zu machen. Nietzsche unterschlägt in seiner Diagnose, dass Ethik über die ihr zuzugestehende Nützlichkeit hinaus mit Denkaufgaben umzugehen hat, die ihr auf den ersten Blick so biederes Geschäft aufregender machen. Das ist zum Beispiel immer dann der Fall, wenn wir auf Personen und deren Handlungen stoßen, die sich nicht in die einfache Gut-Böse-Dichotomie einordnen lassen. Die Urteile fallen nur dann

---

[11] Nietzsche, F.: Jenseits von Gut und Böse. Vorspiel einer Philosophie der Zukunft (1886). Stuttgart 1995, S. 143.

kohärent aus, wenn die Gesinnung der Handelnden und die Ergebnisse der Kalkulation von Handlungsfolgen in Übereinstimmung sind. Wenn jemand mit guter Absicht – nach bestem Wissen und Gewissen – handelt und sich vergewissert hat, die Folgen seiner Option tragen zu wollen und zu können, dann ergibt sich unter dem Strich ein nach rationalen Kriterien positives Ergebnis. Das gilt auch bei der diametral entgegengesetzten Option: Wer das Böse mit Entschiedenheit will und dafür die entsprechenden Mittel wählt, wird als Folge seiner Entscheidungen mit ziemlicher Wahrscheinlichkeit ein kalkulierbares Desaster anrichten.

Die vermeintliche Langeweile der Moral wird aber schon dann durchbrochen, wenn die beste Absicht mit einer unzureichenden Folgenkalkulation durchgesetzt wird und eventuell in eine Katastrophe ähnlichen Ausmaßes mündet wie beim Handeln eines durch und durch bösen Menschen. Das ist genau das Problem des kritisch gesehenen »Gutmenschentums«, das sich durch seine unbedachten Nebenfolgen desavouiert. Ebenso gibt es den Fall der intentional bösen Tat, die indirekt positive Folgen zeitigt.[12] Ein bekanntes Beispiel ist die Haltung des Egoisten, dessen mangelnde Empathie moralisch gerügt wird, der aber wirtschaftlich erfolgreich sein kann und damit für sich und sein Umfeld eine positive Lebensgrundlage schafft. Bernard Mandeville hat schon zu Beginn des 18. Jahrhunderts diesem Paradox in seiner *Bienenfabel* einen viel beachteten Ausdruck verliehen.[13] Es geht dabei um die provokative Aussage, dass individuelle Laster global mit enormen Vorteilen verbunden sein können. Mandeville hat damit der systemischen Logik marktwirtschaftlichen Handelns ein Denkmal gesetzt und auf den Punkt gebracht, was am ökonomischen Erfolg nach den reinen Standards ethischer Gesinnung so irritierend ist. Mit guten Absichten allein lässt sich keine florierende Wirtschaft aufbauen. Eine Neigung zur Lasterhaftigkeit ist von Vorteil, wenn es strategische Optionen zu koordinieren und erreichten Wohlstand in einer Weise zu mehren gilt, dass letztlich nicht nur die Egoisten davon profitieren.

Mit diesen Zwischentönen moralischer Urteilsbildung sind wir zwar nicht aus der prinzipiellen Spannung zwischen ethischen und ästhetischen Sichtweisen ausgestiegen, haben allerdings ein deutlicheres Gespür für die Nuancen und Widersprüche, die sichtbar werden, wenn Menschen unter Zeitdruck, unter Handlungszwängen und unter anderen

---

[12] Das ist die Selbstpräsentation von Mephistopheles in Goethes *Faust* als ein »Teil von jener Kraft, die stets das Böse will und stets das Gute schafft«.
[13] Mandeville, B.: Die Bienenfabel oder Private Laster, öffentliche Vorteile (1714). Frankfurt a.M. 1980.

unausweichlichen Umständen zu Entscheidungen gelangen, für die es mehr Kreativität braucht als die Befolgung der einfachen Regel, Gutes zu tun und Böses zu vermeiden. Ein Beispiel für diese komplexe Dramatik des Handelns ist der durch Steven Spielbergs Film *Schindlers Liste* (1993) einem großen Publikum bekannt gewordene Oskar Schindler, der als Industrieller mit den Nazis kollaborierte und durch seinen Opportunismus in die Lage versetzt wurde, Juden vor der Deportation in Vernichtungslager zu retten.

In der neueren Moralphilosophie ist das Gespür für die Ambivalenz moralischer Güte deutlich stärker geworden. Das sei mit der Hilfe von zwei Schlüsseltexten illustriert, die einen erheblichen Einfluss auf Debatten innerhalb und außerhalb des Faches hatten. Der erste Text ist Susan Wolfs berühmter Aufsatz *Moral Saints* von 1982, in dem sie sich mit der Idealisierung moralischer Perfektion auseinandersetzt.[14] Im schlimmsten Fall sind Menschen, die nach moralischer Vollkommenheit streben, relativ unangenehme Zeitgenossen, weil sie zu Fanatismus und Überforderung neigen. Sie verlieren das Gespür für andere Lebenszusammenhänge, in denen die gesuchte Perfektion zweitrangig oder irrelevant ist. Die Fokussierung auf das eine große Lebensthema macht sie unfähig zum Genuss und langweilig in der Gesellschaft von Leuten, die an einer breiteren Palette von Erfahrungen interessiert sind. Letztlich verfehlen sie die fundamentale Einsicht, dass moralische Orientierung zwar wichtig und für die Lebensführung hilfreich sein kann, aber nicht in jeder Situation an der Spitze der Prioritäten steht. »In other words, a person may be *perfectly wonderful* without being *perfectly moral.*«[15]

Wolfs Anspielung auf die religiös konnotierte Figur des Heiligen erinnert daran, dass besonders in moralischen Idealen der Religionen dazu aufgefordert wurde, nicht nur das Minimum des jeweils Gebotenen zu tun, sondern auch alles, was darüber hinausgeht. Man mag fragen, ob diese klassische Idee der Supererogation als Exzess im Guten sich nicht spiegelbildlich zu den Exzessen auf der Seite des Bösen verhält. Der Gedanke ist gewagt, da exzessiv gute Menschen immer noch besser zu ertragen sind als exzessive böse. Aber in beiden Fällen handelt es sich um die Folgen maßloser Ansprüche, die weder von denen, die solche Forderungen erheben, noch von denen, die zur Nachahmung animiert werden, gänzlich einlösbar sind. Das Scheitern an den zu hohen Zielen

---

[14] Wolf, S.: »Moral Saints«, in: Journal of Philosophy 79 (1982) Heft 8, S. 419–439.
[15] Ebd., S. 436.

führt dann gegebenenfalls zu Frustrationen und Inkongruenzen, unter deren Konsequenzen Unschuldige leiden müssen.

Wolfs Essay findet eine deutschsprachige Entsprechung in Martin Seels Nachdenken *Über das Böse in der Moral*[16], das in der eingängigen Formulierung des »Bogart-Theorems« gipfelt: als Hommage an den Schauspieler Humphrey Bogart, der in seinen Rollen vor allem dadurch begeisterte, dass er Charaktere verkörperte, die nicht einfach in ein Gut-Böse-Schema einzuordnen sind. Das Theorem postuliert, »dass der gute menschliche Charakter, der deutliche Züge eines bösen menschlichen Charakters enthält, [...] besser [ist] als derjenige gute menschliche Charakter, der diese Züge nicht enthält. Kurz: der gute Mensch ist nicht ganz so gut wie der nicht ganz so gute Mensch.«[17] Somit ist es auf die Dauer erstrebenswerter, die eigenen Schattenseiten zu erkennen und zu integrieren und aus dem Umgang mit dem Bösen in uns zu lernen.[18]

Die im folgenden Gedankenschritt porträtierte fiktive Figur aus der Serie *House of Cards* geht über die Ambivalenzen des »Bogart-Theorems« weit hinaus. Sie wurde ausgewählt, um in der Zuspitzung von Aspekten des abgründig Bösen das Zusammenspiel von Ethik und Ästhetik auf eine weitere Probe zu stellen und im Kontext einer aufwendigen Serienproduktion zu diskutieren.

3. Anmerkungen zur Serie House of Cards

Die insgesamt 73 Episoden des amerikanischen Politthrillers wurden von 2013 bis 2018 in sechs Staffeln auf Netflix gezeigt und zogen ein weltweites Publikum in den Bann der spannenden Inszenierung politischer Skrupellosigkeit im politischen Milieu von Washington im Kampf um die Macht im Weißen Haus.[19] Die Serie erzählt von Aufstieg und Fall des Politikers Frank Underwood (gespielt von Kevin Spacey), der gnadenlos seinen Weg ins Oval Office plant und dabei buchstäblich über Leichen geht. Er kommt aus der Provinz, aus South Carolina, aus schwierigen familiären Verhältnissen und genießt im »Haifischbecken«

---

[16] Seel, M.: »Über das Böse in der Moral«, in: Merkur. Deutsche Zeitschrift für europäisches Denken 50 (1996) Heft 9/10, S. 772–780.
[17] Ebd., S. 772.
[18] Vgl. Bahr, P.: »Das Böse in uns«, in: Die Zeit, Nr. 33, 10. August 2018. Online: https://www.zeit.de/2018/33/christentum-boese-gut-dualismus (abgerufen am 11. August 2020).
[19] House of Cards. Beau Willimon u.a. Netflix. USA 2013–2018.

von Washington[20] den Respekt seiner Partei, der Demokraten, die ihn zu ihrem *Whip*, einer Art Fraktionsführer, im Repräsentantenhaus gemacht haben, da seine Effizienz im Organisieren der Seilschaften legendär ist. Mit seiner nicht weniger ehrgeizigen und skrupellosen Frau Claire (gespielt von Robin Wright) bildet er nach außen ein Glamourpaar, ein eingespieltes Team auf dem Weg nach noch mehr Macht. Hinter dieser Fassade ist die Ehe aber oft nicht mehr als ein Zweckbündnis zur Vorbereitung von Intrigen und zur Ausschaltung von Konkurrenten.

In Kommentaren wurde sehr früh darauf hingewiesen, dass es sich um eine filmische Version machiavellistischer Interessenverfolgung[21] handelt: eiskalt berechnend, immer auf den eigenen Vorteil bedacht, nachtragend, wenn andere nach ähnlichen Regeln vorgehen. Underwoods Ziel ist der Präsidentenposten, wenn nötig auf dem Umweg über Ministerämter und die Vizepräsidentschaft. Mit der Begründung, er werde wegen seiner Fähigkeiten zunächst noch als guter Parteistratege im Parlament gebraucht, legen ihm seine »Parteifreunde« einige Hindernisse auf den Weg an die Spitze. Doch diese Barrieren werden in den beiden ersten Staffeln beseitigt. Der Erfolg der Serie zeigt einerseits, dass ein gewisser Massengeschmack getroffen wurde, andererseits aber auch ein hohes Maß an niveauvoller Professionalität angestrebt wurde. *House of Cards* versuchte ästhetischen Ansprüchen zu genügen und arbeitete mit renommierten Produzenten, Drehbuchautoren und Regisseuren, die in der Spielfilmbranche etabliert waren.[22]

Zu den besonderen Merkmalen dieser Serie gehört der enge Kontakt, den der Protagonist zum Publikum aufbaut. Wie im Theater durchbricht er regelmäßig die »vierte Wand«, wendet sich im laufenden

---

[20] Vgl. Hanfeld, M.: »Fernsehserie ›House of Cards‹. Der Haifisch liebt das Blut«, in: Frankfurter Allgemeine, 9. November 2013. Online: https://www.faz.net/aktuell/feuilleton/fernsehserie-house-of-cards-der-haifisch-liebt-das-blut-12655049.html?printPagedArticle=true#pageIndex_2 (abgerufen am 11. August 2020).
[21] Die Serie hat in Politikwissenschaft und Politischer Theorie beachtliche Resonanz gefunden. Vgl. aus den zahlreichen Veröffentlichungen die Beiträge in Hackett, E. J. (Ed.): House of Cards and Philosophy. Underwood's Republic. Malden/Oxford 2016. Ferner: Breitweg, F. u.a.: »House of Cards: The American Machiavelli«, in: Switek, N. (Hg.): Politik in Fernsehserien. Analysen und Fallstudien zu House of Cards, Borgen & Co. Bielefeld 2018, S. 243–270; Taïeb, E.: »House of Cards. Qu'est-ce qu'un coup politique fictionnel?«, in: Quaderni. Communications, technologies, pouvoir 88, automne 2015, S. 67–81. Online: https://journals.openedition.org/quaderni/923 (abgerufen am 11. August 2020); Taïeb, E.: House of Cards. Le crime en politique. Paris 2018.
[22] Zur genaueren stilistischen Analyse der ersten drei Staffeln der Serie: Sorlin, S.: Language and Manipulation in House of Cards. A Pragma-Stylistic Perspective. London 2016.

Spielduktus direkt an die Zuschauerinnen und Zuschauer und kommentiert seine eigenen Gedanken und Entscheidungen sowie das Verhalten der anderen Akteure. Dadurch entsteht eine Intensität, die uns ungefragt in den Sog höchst problematischer Machenschaften hineinzieht und daran gewöhnt, die Welt mit den Augen von Frank Underwood zu sehen. In diesem Universum gibt es kein Erbarmen. Politik wird explizit als ein schmutziges Geschäft zur Schau gestellt, in dem es nur strahlende Gewinner und hemmungslos verachtete Verlierer gibt. Hinter den Fassaden und Ritualen demokratisch legitimierter Machtausübung werden brutale Kämpfe sichtbar, die sich von den feierlich proklamierten Idealen der Arbeit für eine gerechtere Gesellschaft und eine friedlichere Welt immer mehr entfernen.

Die Strukturen dieses zynischen Politik- und Weltverständnisses sollen nun am Beispiel einer Dimension beleuchtet werden, die für die Serie gewiss nicht zentral ist, die aber ein bezeichnendes Licht auf größere Zusammenhänge wirft: die Einschätzung von Religion. Es dürfte schon deutlich geworden sein, dass Frank Underwood nichts von Religion, Liebe und Demut hält. Interessant ist, wie er mit diesem von ihm so verachteten Phänomen umgeht, um den perfekten Bösewicht zu spielen. Dies passiert in einer für die USA ungewöhnlichen und unwahrscheinlichen Zuspitzung. Denn hochrangige Politiker müssen dort zumindest den Anschein erwecken, sie seien fromme Christen, um ihre gläubige Klientel bei der Stange zu halten. Obwohl Religion und Politik offiziell streng voneinander zu trennen sind, haben religiöse Themen im Selbstverständnis der amerikanischen Zivilgesellschaft und in politischen Konfrontationen, beispielsweise bei Fragen von Schwangerschaftsabbruch, Familie, Gender-Diversität, usw., eine aus europäischer Sicht erstaunliche Präsenz. In der fiktiven Welt von *House of Cards* werden einige Momente dieser traditionellen Orte und Praktiken benannt und dienen als Steilvorlage für die Demontage durch den Zyniker Frank Underwood, der nur sich selbst als obersten Maßstab anerkennt, stets verbunden mit der augenzwinkernden Botschaft an seine Partei und an sein Publikum: Ihr habt es doch genau so gewollt und wäret bitter enttäuscht, wenn ich mich in ein sanftes Lamm verwandelte.

Die amerikanische Unterhaltungsindustrie kultiviert sehr gern das düstere Szenario einer *crapsack world*, einer Welt, die überwiegend aus

Drecksäcken besteht.²³ Das Publikum wird deren Intrigen mit Vergnügen zuschauen, da die Bosheiten nie groß genug sein können: Es trifft fast immer moralisch dubiose Gestalten, die es verdient haben, in Schwierigkeiten zu geraten. Die Wahrnehmung dieser übersteigerten Darstellung des Bösen soll nun am Beispiel von fünf ausgewählten Szenen aus der ersten Hälfte der Serie angeschaut werden, in denen fünf Facetten der Verachtung religiöser Werte zu erkennen sind.²⁴

a) »Niemand wird sich um dich kümmern« (S1 E2 bzw. Kapitel 2, 43:37–44:38)

Underwood befindet sich nach einer Veranstaltung auf dem Weg zu seinem Auto, als er auf einen schreienden Mann aufmerksam wird, den Sicherheitskräfte mit Handschellen an einen Laternenpfahl festgesetzt haben. Seine Mitarbeiter wollen diese störende Szene überspielen. Der Mann habe sich unbefugt Zutritt zum Gebäude verschaffen wollen. Als man ihn daran hinderte, habe er damit angefangen sich die Kleider vom Leib zu reißen. Underwood fühlt sich von der Wucht dieses Spektakels angezogen. Er nähert sich dem verwahrlost und verwirrt aussehenden Mann (in der Darstellerliste wird er als *naked man* aufgeführt), beugt sich zu ihm herunter, fixiert seine Augen und sagt mit Bestimmtheit: »Nobody can hear you, nobody will care about you, nothing will come out of this.« Der Mann verstummt und schaut dem Politiker nach, der sich erst jetzt zu seinem Auto begibt und noch mit geheuchelter Fürsorglichkeit zur Security sagt: »Gebt ihm eine Decke. Es ist kalt.« Die gespenstische Szene wirkt wie eine Dämonenaustreibung, als habe der Protagonist eine besondere Beziehung zu den geheimnisvollen Mächten, die er und nur er beherrschen kann.²⁵ Die Botschaft an den Betroffenen, über dessen Beweggründe wir nichts wissen, ist freilich von kaum zu übertreffender

---

²³ Stein, H.: „›House of Cards‹ – Ein Schweinehund, aber unserer«, in: Welt, 10. März 2016. Online: https://www.welt.de/kultur/medien/article153121178/House-of-Cards-Ein-Schweinehund-aber-unserer.html (abgerufen am 11. August 2020).
²⁴ Zur Angabe der ausgewählten Sequenzen: zur leichten Identifizierung werden jeweils Staffel- und Episodennummer genannt. Die Kapitelzählung bezieht sich auf die manchmal benutzte durchgehende Episodennummerierung von 1 bis 73, die genaue Stellenangabe mit Minuten und Sekunden in der Episode in der DVD-Gesamtedition von Sony Home Entertainment.
²⁵ Vgl. LaBadie, B.: »What Frank Underwood and St. Francis have in common«, in: America. The Jesuit Review, 25. Februar 2016. Online: https://www.americamagazine.org/content/all-things/two-standards-two-francises (abgerufen am 11. August 2020).

Hoffnungslosigkeit. Das Schreien nutzt nichts, da niemand zuhören wird und der Mann seine Lage nicht verbessern kann. Als Schlussszene der Episode hat der Auftritt ein besonderes Gewicht.

b) »Ich hasse dich, Gott« (S1 E3 bzw. Kapitel 3, 27:48–32:43)

Underwoods Karriere gerät durch einen Zwischenfall in seinem Heimatwahlkreis unter Druck, aus dem seine politischen Gegner Kapital zu schlagen versuchen. Eine Siebzehnjährige ist bei einem Autounfall ums Leben gekommen, weil sie durch einen Wasserturm in Gestalt eines Riesenpfirsichs (*the Peachoid*) abgelenkt worden sei. Hinzu kam, dass sie während der Fahrt eine SMS auf ihrem Handy schreiben wollte. Franks lokalpolitische Widersacher raten den trauernden Eltern, Underwood zu verklagen, da dieser für dieses seltsame Bauwerk im Genehmigungsprozess mitverantwortlich sei. Doch der tritt die Flucht nach vorn an, nimmt am Trauergottesdienst in der Gemeinde teil und ergreift dort sogar das Wort. Er gibt zunächst vor, aus der Bibel vorlesen zu wollen, sagt dann aber, dies sei nicht der Moment für einen salbungsvollen Text. Er spricht stattdessen von dem ihm gut vertrauten Bauchgefühl der Wut und Verzweiflung. Für den Tod der geliebten Tochter gebe es keinen billigen Trost. Es sei in einer solchen Situation nur zu verständlich, Gott anzuklagen, ja ihn zu hassen. Er kenne die Wucht solcher Gefühle aus den Eingeweiden (»Ich weiß alles über Hass«) und erzählt die rührselige und erlogene Geschichte seiner Emotionen, als sein »geliebter« Vater mit 43 Jahren gestorben sei. Das laute *I hate you, God* hallt durch den Kirchenraum und wird nach anfänglicher Verunsicherung nicht als Blasphemie empfunden, sondern mit Zustimmung aufgenommen. Sogar die Eltern des verstorbenen Mädchens, die am Tag zuvor ihren Kongressabgeordneten noch anklagen wollten, scheinen mit dieser unkonventionellen »Predigt« etwas anfangen zu können. Underwood maßt sich die Rolle eines modernen Hiob an, obwohl er nicht an Gott glaubt, und präsentiert sich als der authentische Mensch, der für Gefühle der Verzweiflung starke und passende Worte findet, die letztlich besser ankommen als ein frömmlerischer Auftritt. Die Szene schließt mit einem perfekt geheuchelten Gebet zu Gott um die Gabe der Liebe.

c) Beten (S1 E13 bzw. Kapitel 13, 21:26–23:26)

In der letzten Episode der ersten Staffel treffen wir Frank Underwood wieder in einer Kirche an. Diesmal ist er allein, geht nach vorne, bleibt vor dem Altar stehen und beginnt einen Monolog, der sich an den unsichtbaren und stummen Gott richtet. Denn der habe noch nie geantwortet, wenn er sich an ihn gewandt habe. Ob Gott überhaupt ihn hören und verstehen könne und der Sprache mächtig sei? Er solle doch endlich aus der Deckung herauskommen und den Mut haben, sich seinem Geschöpf zu stellen. Die Zwiesprache wird durch ein polterndes Geräusch unterbrochen, als jemand hinten im Kirchenraum mit Reinigungsarbeiten beginnt. Underwood dreht sich wieder zum Kreuz, kniet nieder und faltet die Hände. Es gebe auf dieser Erde keinen Trost und keine Hilfe. »Es gibt nur uns winzige Erdlinge.« Jeder sei auf sich gestellt. So ist es nur konsequent, dass Underwood seine Weltsicht in einem provokativen Gebet zusammenfasst: »Ich bete zu mir selbst und für mich selbst.«

Auf dem Weg durch den Mittelgang in den hinteren Teil der Kirche macht er an einem Opferkerzentisch halt, entzündet eine Kerze, bläst dann aber alle Kerzen aus. Damit hat er die Flamme der Hoffnung auch noch symbolisch erloschen.

d) Das Grab des Vaters (S3 E1 bzw. Kapitel 27, 01:45–03:56)

Am Anfang der dritten Staffel ist Frank gerade in das Amt des 46. Präsidenten der USA eingeführt worden. Einer der ersten Wege führt ihn an das Grab seines schon erwähnten Vaters Calvin T. Underwood, den er immer abgrundtief verachtet hat. Es ist deshalb auch nicht so, als würde ihm dieser Grabbesuch etwas bedeuten, lässt Frank uns wissen. Die Geste lasse ihn einfach in der neuen Funktion menschlicher aussehen. Nachdem er nochmals dem Hass auf den Vater verbal freien Lauf gelassen hat, uriniert er auf den Grabstein (*Calvin T. Underwood, 1935 – 1978, Husband, Father, Servant of God*). Er kann sich vor Kameras sicher sein, da er den Mitarbeitern eingeschärft hatte, ihm diesen Moment der Intimität zu lassen und den zahlreich erschienenen Journalisten keine Fotos zu erlauben. Wieder wird die Illusion erweckt, Frank sei mit seinem treuen und diskreten Publikum ganz allein.

Francis stirbt vor dem Ende von *House of Cards*, genauer gesagt: er wird wegen des Skandals um den Hauptdarsteller aus der Serie entfernt. Im Netflix-Teaser für die sechste und letzte Staffel[26] steht seine Frau Claire, jetzt Präsidentin, an seinem Grabstein, der sich genau neben dem des Vaters in dem kleinen Ort in South Carolina befindet (*Francis J. Underwood, 1959 – 2017, 46th President of the United States of America*). Somit hat sich die Aussage aus der dritten Staffel nicht bewahrheitet: »Wenn ich beerdigt werde, dann bestimmt nicht in der Provinz.«

e) Der Gekreuzigte (S3 E4 bzw. Kapitel 30, 38:38–43:48)

Die Serie der Gotteslästerungen erreichte in der dritten Staffel in einer weiteren Kirchenszene einen spektakulären Höhepunkt, wiederum in der Schlussszene einer Episode. Präsident Underwood sucht das Gespräch mit einem Bischof, den er anlässlich einer Trauerfeier für getötete US-Soldaten kennengelernt hatte. Der Bischof, ein moderner Mann, der in Motorradbekleidung zu diesem Termin kommt, signalisiert die Bereitschaft zum Zuhören, nachdem er mit dem Präsidenten über die lebensmüde Leidenschaft des Motorradfahrens gescherzt hatte, die Frank humorvoll kommentiert: »Sie wissen jedenfalls, dass Sie in den Himmel kommen.« »What's on your mind, Mr President?« Underwood kommt nun ohne weitere Umschweife zum Thema. Er wolle wissen, was Gerechtigkeit ist? Und wie man trösten könne, wenn Eltern ihr Kind im militärischen Einsatz verloren hätten? Wie soll es möglich sein, die Feinde zu lieben? Der Präsident sagt, dass er den Gott des Alten Testaments verstehe, denn seine Macht sei absolut. Aber »der da?« (er zeigt auf das Kreuz im Altarraum). Der Bischof mahnt, dass es zu nichts führe, seine Gegner einzuschüchtern (»using fear will get you nowhere«), und versucht, den konstruierten Gegensatz zwischen dem Herrschergott und dem Gott der Liebe zu entschärfen. Er erweist sich als aufgeklärter Theologe, da er wiederholt die Interpretationsbedürftigkeit der biblischen Texte erwähnt. Schließlich sei die Bibel voller Gewalt. Aber Jesus habe mit seiner Botschaft der Liebe einen Weg zur Überwindung von Hass und Gewalt gezeigt. »Sie sind nicht ausgewählt, Herr Präsident. Das war nur er.«

Underwood bittet seinen Gesprächspartner, ihm einen Moment für sich allein zu geben, damit er beten könne. Nachdem der Bischof den

---

[26] Online: https://www.youtube.com/watch?v=ygD802usNmg (abgerufen am 11. August 2020).

Raum verlassen hat, geht der Präsident nach vorne, schaut zum Kreuz und spuckt auf das Gesicht des Gekreuzigten. Als Frank die Spucke abwischen will, löst sich der Korpus aus der Halterung und zerschellt am Boden. Der durch den Lärm aufgeschreckte Sicherheitsbeamte eilt bewaffnet herbei. Doch der Präsident sagt nur: »I was praying and it just fell«. Beim Hinausgehen bückt er sich, hebt eine Scherbe auf, die als ein Ohr der zerstörten Figur zu erkennen ist, und meint, dass er nun wenigstens Gottes Ohr habe.

Mit den fünf ausgewählten Szenen soll nicht der Eindruck erweckt werden, dass Religion ein zentrales Thema in der Serie sei. Sie illustrieren jedoch ganz gut die Mobilisierbarkeit eines Repertoires religiöser Motive, die jedem vertraut sind, der in einem kulturell christlich dominierten Kontext sozialisiert wurde. Frank Underwood kann mit diesen starken Symbolen virtuos spielen, weil die Assoziationen leicht abrufbar sind und je nach Standpunkt der Zuschauenden in unterschiedliche Richtungen gelenkt werden können. Ihre schocktherapeutische Wirkung ist garantiert, ganz gleich ob sie als Tabuverletzung empfunden werden oder eine religionskritisch zustimmende Haltung auslösen. Die Hauptfigur kann als eine Person dargestellt werden, die alle Register der Boshaftigkeit und Skrupellosigkeit ziehen kann, weil ihr nichts und niemand heilig ist. Underwood setzt sich mit seinen Allmachtfantasien an die Stelle eines als absolutistischen Willkürherrscher imaginierten Gottes und bedient sich der Kontrastfolie einer klischeehaft rezipierten christlichen Liebesbotschaft, die in dieser Präsentation nur als Gipfel der Naivität erscheinen kann. Eine postchristliche Gesellschaft bietet für eine solche Konstruktion einen guten Resonanzboden. Das Publikumsinteresse ist aber auch sicher, wenn die diabolische Übertreibung von Franks Charakter eine Distanzierung erlaubt, durch die das christliche Selbstverständnis unangetastet bleibt.

4. Wer hat das letzte Wort?

In die sechsjährige Laufzeit von *House of Cards* fielen zwei Ereignisse, die von den Machern der Serie nicht vorhersehbar waren: im November 2016 die Wahl von Donald Trump zum 45. Präsidenten der USA und im Herbst 2017 der Skandal um den Hauptdarsteller Kevin Spacey. Letzterer war im Kontext der Sexismus-Debatte um Harvey Weinstein und die dadurch ausgelöste #MeToo-Debatte zunehmend unter Druck geraten, weil er sexueller Übergriffe beschuldigt wurde. Ende 2017 gab Netflix bekannt, die Zusammenarbeit mit Spacey zu beenden, so dass dieser in der sechsten Staffel nicht mehr auftrat. Zu Weihnachten 2018 meldete sich der Schauspieler mit der Videobotschaft *Let Me Be Frank* zu Wort, in der er noch einmal in die Rolle des Frank Underwood schlüpfte und sich direkt an seine Fans wandte.[27] Es ist immer bizarr, wenn Unterhaltungskunst auf Wirklichkeit trifft, in diesem Fall aber in besonderem Maße, da Spacey eine Rückkehr in den fiktiven Kosmos von *House of Cards* insinuiert, wo er in der Staffel von 2018 als nicht mehr tragbar galt. Underwoods Frau Claire war inzwischen amtierende Präsidentin, die in einer kurzen Sequenz zur Ankündigung des Neustarts am Grab ihres Mannes zu sehen ist. Spacey gibt schmunzelnd zu bedenken, dass sein Tod in der Serie ja nie explizit gezeigt worden sei. Eine Rückkehr könne daher nicht kategorisch ausgeschlossen werden.

Wenn Unterhaltungskunst auf Wirklichkeit trifft, zumal bei einem Politthriller wie *House of Cards*, kommen Zweifel an einem rein ästhetischen Imaginationstheorem des Bösen auf. Über die Frage, ob die Gewöhnung des Publikums an ein solches Unterhaltungsformat einen Präsidenten wie Trump erst möglich gemacht hat, lässt sich nur spekulieren.[28] Wer sich daran beteiligt, muss sich auf den Vorwurf gefasst machen, die Grenzen zwischen Fiktion und Realität nicht zu begreifen. Belastbarere Aussagen lassen sich hingegen über das seltsame Spiel machen, das Kevin Spacey als professioneller Schauspieler mit den Medien inszeniert. Er scheint so sehr in die Figur des Frank Underwood geschlüpft zu sein, dass sie als Alter Ego für eine Verteidigungsstrategie dienen kann, wenn er in der Realität mit der Justiz konfrontiert ist. Die gegen Spacey gerichteten Vorwürfe sexueller Belästigung könnten aus der Rolle seines Helden stammen, so dass es nicht schwer ist, die Zuschauerinnen und Zuschauer zur Komplizenschaft zu verleiten. Spacey suggeriert eine Vertrautheit mit seinem unbekannten Gegenüber und wirbt um Zustimmung und Verständnis nach dem Motto: Ihr wollt mich doch genau so wie ich bin – zynisch berechnend, raffiniert und der Anklage immer einen Schritt voraus. Lasst mich offen (*frank*) mit euch sprechen. Lasst mich zurück in euer Leben: als Frank Underwood, als Schauspieler, als Bürger. Und hört auf mit euren heuchlerischen und moralinsauren Urteilen. Denn

---

[27] Spacey veröffentliche das Video am 24. Dezember 2018. Online: https://www.youtube.com/watch?v=JZveA-NAIDI (abgerufen am 11. August 2020).
[28] Vgl. Szyszkowitz, T.: „›House of Cards‹-Regisseurin Agnieszka Holland: ›Eine gefährliche Schöpfung‹", in: Profil, 27. Mai 2016. Online: https://www.profil.at/gesellschaft/house-cards-Agnieszka-holland-kevin-spacey-6383563 (abgerufen am 11. August 2020).

im Grunde genommen gefällt es euch doch sehr, wie ich stellvertretend für euch Angsthasen mit den Mächtigen spiele... Das ist sinngemäß die Botschaft, die mit Weihnachtsmannmotiven auf der Küchenschürze in lockerem Plauderton präsentiert wird. Genau so war die Hauptfigur tatsächlich angelegt, so dass der Vorwurf der Heuchelei leicht an die Adresse des Publikums zurückgegeben werden kann, falls es sich über die Unmoral des Videos empört.

Wie weit die Verwischung der Grenzen zwischen Film und Wirklichkeit geht, kann man an der Existenz einer Ratgeberliteratur ablesen, die das »Underwood-Prinzip« zum trickreichen Coaching für den privaten und beruflichen Erfolg anbietet.[29] Von Frank und Claire Underwood lernen heißt siegen lernen, zum Beispiel im Umgang mit lästigen Vorgesetzten oder Kollegen. Kunstvoll kultivierte Bosheit zahlt sich demnach aus und bringt die Akteure leichter ans Ziel als rücksichtsvolle Regelbefolgung. »Auch wenn das Revier von Frank und Claire die große Politik ist, begegnet man den Verhaltensmustern und Strategien, die hier das Spiel bestimmen und voranbringen, überall auf der Welt, auf jedem Level der Gesellschaft wie auch der Wirtschaft.«[30] Diese apodiktische Botschaft an die Fangemeinde lässt aufhorchen und nachfragen, warum die Grenzen zwischen Realität und Fiktion in der Rezeption einer erfolgreichen Serie so leicht zu verwischen sind und was dies für das Alltagsverständnis von Wirtschaft und Politik bedeutet.[31]

Wer gewinnt bei dem Spiel mit dem Feuer einer verführerischen Ästhetik des Bösen? Diese Frage lässt sich nicht definitiv beantworten. Vielleicht fällt das in der Fiktion aufgebaute Kartenhaus ja auch einfach nur in sich zusammen. In diesem Beitrag sollte aber deutlich geworden sein, dass es für eine selbstkritische und lernbereite Ethik, Ästhetik und Religionstheorie von Interesse ist, die Dynamiken in dieser spannungsreichen und kreativen Dreiecksbeziehung nicht zum Stillstand zu bringen. Auch wenn es wenig hilfreich ist, ästhetische Phänomene permanent nach moralischen Kategorien zu beurteilen, so wirkt das ästhetisierte Böse doch auf moralische Sensibilitäten zurück, die sich in Erzählungen artikulieren und die von Versatzstücken religiöser Traditionen geprägt sein können. Die Kenntnis dieser Codes ist eine sinnvolle Investition in

---

[29] Fuchs, T.: Die Underwood-Methode. Der inoffizielle HoC-Ratgeber rund um Macht, Erfolg und Intrigen. Kulmbach 2018.
[30] Ebd., S. 11.
[31] Durch die fortschreitende Ästhetisierung machtvoller Systeme steht die These von einer Kunst, die nur Kunst sein will und sonst nichts, erneut auf dem Prüfstand. Vgl. Gabriel, M.: Le pouvoir de l'art. Paris 2018.

eine wache Zeitgenossenschaft, da Produkte der Unterhaltungsindustrie längst mit diesen Codierungen und ihren Kombinationen operieren.

Thomas Jürgasch

Ein Dunkel, das im Hellen strahlt

Konzeptionen des Bösen in der frühchristlichen und in der klassisch-islamischen Tradition und in Christopher Nolans *The Dark Knight*

Zur Einleitung

Mit dem sogenannten »Bösen« ist es eine merkwürdige Sache; gehört es doch zu den Erscheinungen, die uns einerseits völlig vertraut sind und die uns andererseits doch auch stets fremd und unergründlich bleiben. Als etwas Vertrautem begegnen wir ihm fast jeden Tag in den unterschiedlichsten Formen – sei es als ›moralisch Böses‹ im engeren Sinn, sei es als ›Übel‹, als ›das Schlechte‹ in einem weiteren Sinn – unser Sprachgebrauch ist da nicht immer eindeutig. Wir treffen es z.B. an in Gedanken, Handlungen, Nicht-Handlungen, aber auch in Darstellungen – beispielsweise in der Literatur, in Filmen und Serien. Gerade medial vermittelt, ist das Böse uns ein ständiger Begleiter geworden, dessen Anwesenheit uns oft sogar kaum noch auffällt, wenn etwa in Fernsehkrimis eine Vielzahl von Mordopfern »auftreten« oder in literarischen und filmischen Szenen epischer Schlachten ganze Heere von Menschen gewaltsam zu Tode kommen. Oft begegnet es auch in seiner berühmten Banalität, in den kleinen harmlosen oder großen, vielleicht doch nicht so ganz harmlosen Lügen des Alltags, beim Schwarzfahren, beim Hinterziehen von Steuern und so weiter und so fort. Dabei ist uns das Böse nicht zuletzt deswegen so vertraut, weil wir selbst uns öfter, als uns lieb ist, als Ursprünge desselben erleben, es selbst durch unsere Taten und Untaten in unseren Alltag einflechten oder uns freiwillig durch mediale Formen desselben berieseln lassen.

Andererseits bleibt uns das Böse stets auch fremd. Es erscheint uns als etwas, das wir weder bei uns noch bei anderen haben wollen. Es verstört und befremdet uns und erweist sich vor allem mit Blick auf seine Ursachen und die Frage nach seinem Sinn doch immer auch als zutiefst unergründlich. Woher kommt das Böse, wozu ist es da, welchen Sinn mag es haben?

Diese und ähnliche Fragen nach den Ursachen und nach dem Sinn des Bösen treiben den Menschen schon seit Jahrhunderten um und haben Denker:innen über die Zeiten hinweg immer wieder u.a. zu philosophischen, theologischen, literarischen und filmischen Auseinandersetzungen mit der Thematik inspiriert.

Im Folgenden sollen drei solcher Auseinandersetzungen mit dem Bösen diskutiert werden, die sich dem Thema aus sehr unterschiedlichen Richtungen annähern, was nicht zuletzt daran liegt, dass die Entwürfe aus – zumindest teilweise – weit auseinanderliegenden Epochen stammen, unterschiedliche geistesgeschichtliche und kulturelle Hintergründe aufweisen und in der Form ganz unterschiedlicher Gattungen gefasst sind. Dabei handelt es sich zum einen um theologische bzw. philosophische Konzeptionen des Bösen, wie sie in der frühen christlichen und in der klassisch-islamischen Tradition entwickelt worden sind. Zum anderen soll die aus dem Jahr 2008 stammende filmische Verarbeitung der Thematik in Christopher Nolans *The Dark Knight* in den Blick genommen werden. Während die frühchristlichen Konzeptionen exemplarisch anhand der Überlegungen des Augustinus veranschaulicht werden, sollen die islamischen Positionen unter Bezugnahme auf unterschiedliche Texte und Autoren wie z.B. den Koran und Ibn Sīnā ins Auge gefasst werden. In Hinsicht auf Nolans Werk wird es vor allem um die Figur des *Jokers* gehen, der im Film zumindest auf den ersten Blick als eine Art ›Personifikation des Bösen‹ erscheint. Wie sich zeigen wird, bringen die hier diskutierten Auseinandersetzungen mit dem Bösen eine Vielzahl höchst interessanter Aspekte zur Sprache bzw. zu Bilde, wobei gerade der Vergleich zwischen diesen Betrachtungsweisen auf einige wichtige Facetten der Thematik hinzuweisen vermag und zudem herausstellt, worin die bleibende Herausforderung des Bösen gerade für das religiöse und theologische Denken auch unserer Zeit besteht. Gleichzeitig wird auch in den Blick genommen werden, inwiefern sich aus einer solchen Form der Konzeption des Bösen möglicherweise auch Chancen für unser Nachdenken über Religion ergeben.

Was das konkrete Vorgehen betrifft, so werden zu Beginn einige Grundlinien des augustinischen Verständnisses des Bösen dargelegt, um anschließend auf Aspekte islamisch-theologischer bzw. -philosophischer Konzeptionen desselben einzugehen. In einem dritten Schritt werden die Besonderheiten der Nolan'schen Auseinandersetzung mit dem Thema des Bösen diskutiert werden. Inhaltlich wird dabei – wie schon angemerkt – ein besonderes Augenmerk auf der Figur des Jokers liegen, wobei im Kontext der Darstellung dieser Figur auch die *spezifisch-filmische Dimension der* Darstellungsweise des Bösen in den Fokus rücken wird. Abschließend soll in einem letzten Schritt ein Vergleich zwischen den skizzierten Entwürfen angestellt und auf dieser Grundlage erörtert werden, inwiefern eine solche Gegenüberstellung auf den Herausforderungscharakter des Bösen für das religiöse bzw. theologische Denken hinweist und welche Chancen sich aus einer solchen Betrachtungsweise ergeben. Zunächst jedoch zu Augustinus.

1. »Was aber ist das, was wir das Böse nennen, wenn nicht ein Mangel des Guten« – Augustinus' Konzeption des Bösen

Wenig überraschend bildet das Böse für einen christlichen Theologen der Spätantike wie Augustinus ein zentrales Thema; stellt das Böse doch für eine grundlegend durch den sogenannten Monotheismus geprägte religiöse Haltung wie etwa die des Christentums der Spätantike eine immense Herausforderung dar.[1] Nimmt man nämlich an, dass die gesamte erscheinende Wirklichkeit auf ein einziges erstes, allmächtiges, vollkommen gutes und gerechtes *Prinzip* – Gott genannt – zurückzuführen ist, stellt sich unmittelbar die Frage, welchen Ort das Böse in einem solchen auf das Erste und einzige Prinzip hin geordneten Kosmos hat.[2] Wenn Gott als der Urgrund und die Ursache aller Wirklichkeit zu betrachten ist, ist dann

---

[1] Die nachfolgenden Erörterungen zum Verständnis des Bösen im Sinne des *malum* bei Augustinus haben, wie angemerkt, natürlich nur exemplarischen Charakter und sind systematisch an diese spezielle Form theologischen Nachdenkens gebunden. Sowohl in der Spätantike im Besonderen als auch im Kontext christlicher Theologien und Frömmigkeitsformen im Allgemeinen gab und gibt es über die Zeiten hinweg eine immense Bandbreite an Formen des reflektierten Umgangs mit dem Thema des Bösen, die andere thematische und argumentative Schwerpunkte setzen. Einen systematisch gestalteten Überblick zur Thematik, der auch historisch verschiedene Positionen berücksichtigt, bietet Kreiner, Armin: Gott im Leid. Zur Stichhaltigkeit der Theodicee-Argumente. Freiburg 2005. Im Folgenden zitiert als Kreiner: Gott im Leid.

[2] Wie bereits angedeutet, zeigt die Art und Weise, in der diese Frage hier formuliert ist, dass hier zunächst der für die (spät-)antike christliche Theologie anzusetzende metaphysische und logische Rahmen vorausgesetzt wird. Moderne bzw. neuzeitliche und gegenwärtige Diskussionen der Theodizee setzen diesen Rahmen natürlich nicht notwendigerweise voraus. Siehe dazu nochmals den Überblick in Kreiner: Gott im Leid.

auch das Böse auf ihn zurückzuführen? Und wenn dies der Fall ist, wie passt das dann logisch mit der Annahme der göttlichen Güte zusammen? Hier scheint eine der logischen Zwickmühlen auf, in welche die bloße Existenz des Bösen diese Form der frühen christlichen Theologie bringt. Entweder nämlich ist das Böse tatsächlich auf Gott zurückzuführen – dann ist Gott aber nicht vollkommen gut, da er auch Böses hervorbringt – oder aber das Böse ist auf etwas anderes, ein anderes Prinzip, zurückzuführen, dann ist Gott aber nicht mehr als das alleinige Prinzip von allem anzusehen. In beiden Fällen trägt die Thematik des Bösen folglich einen Selbstwiderspruch in die oben skizzierte Gotteskonzeption, was eine Art der Theologie vor große Probleme stellen muss, die versucht, ein im Sinne der *Widerspruchsfreiheit* rationales System zu entwerfen. Dieses Ziel, eine Widerspruchsfreiheit in Bezug auf unsere Konzeptionen des Göttlichen zu erreichen, bildet dabei einen zentralen hermeneutischen Schlüssel für ein angemessenes Verständnis dessen, was im Folgenden bezüglich der theologischen Konzeption des Bösen geschildert wird.[3]

Ein historisch gesehen herausragender Vertreter dieser Form der Theologie ist im christlichen Bereich der eben genannte Augustinus, welcher der westlich-christlichen Tradition als einer der vier großen Kirchenväter gilt. Als solcher hat er die christliche Theologie bis zur Gegenwart entscheidend mitgeprägt, und zwar nicht zuletzt dadurch, dass er das religiöse Denken seiner Zeit nicht nur vor dem Hintergrund der biblischen Offenbarung, sondern auch vor dem Forum der damaligen philosophischen und teilweise sogar der naturwissenschaftlichen Vernunft reflektiert und damit systematisch theologisch ausgearbeitet hat. Gerade diese Konzeption einer so gefassten, auf das Göttliche ausgerichteten *scientia* hat sich, was die Form theologischen Nachdenkens betrifft, als äußerst wirkmächtig erwiesen und zentrale Impulse für die nachfolgende Entwicklung v.a. der christlichen Theologie im lateinischen Westen gegeben.[4] Neben Themen wie der menschlichen Willensfreiheit

---

[3] Zu dieser Zielsetzung, die für weite Teile der frühen christlichen Theologie vorauszusetzen ist, vgl. Jürgasch, T: Theoria versus Praxis. Zur Entwicklung eines Prinzipienwissens im Bereich der Praxis in Antike und Spätantike. Berlin 2013, S. 287–289; S. 340f.; zu Boethius' theologischem Ansatz, der das Augustin'sche Projekt des Erweises einer Widerspruchsfreiheit fortsetzt, vgl. Jürgasch, T.: Si divinae iudicium mentis habere possemus. Zu den formalen Argumentationszielen des Boethius in den Theologischen Traktaten und in der Consolatio Philosophiae, in: Boethius as a Paradigm of Late Ancient Thought. Hg. v. T. Jürgasch et. al. Berlin 2014, S. 114–118; S. 122–126.

[4] Zu Augustinus' Verständnis der *scientia* vgl. u.a. Madec, G.: Christus, sapientia et scientia. Le princip de cohérence de la doctrine augustinienne, in: Madec, G.: Saint Augustin

oder der Prinzipienhaftigkeit Gottes hat sich Augustinus inhaltlich betrachtet eben u.a. auch mit der Frage nach dem Bösen beschäftigt und dabei Maßstäbe gesetzt, welche die entsprechenden theologischen Debatten bis heute prägen. Eine präzise wie auch konzise Zusammenfassung seiner Thesen zum Bösen findet sich dabei im *Handbüchlein über Glaube, Liebe und Hoffnung an Laurentius*, einer relativ kurzen Schrift, welche einige zentrale Themen der christlichen Theologie in kurzer Form zusammenfasst und die dem im Titel angesprochenen und mit Augustinus offensichtlich freundschaftlich verbundenen Laurentius als knappe theologische Orientierung dienen sollte.[5] Da das Handbüchlein relativ spät entstanden ist – man geht von einer Abfassungszeit zwischen 421–424 n. Chr. aus[6] –, ist es als Zeugnis des Denkens des reifen Augustinus zu betrachten, das als solches die Abschlüsse bestimmter Denkprozesse des Kirchenvaters widerspiegelt. Wie argumentiert Augustinus nun in seinem *Handbüchlein*?

Entscheidend dafür, wie Augustinus dem Thema des Bösen in diesem Werk nachgeht, ist u.a. die *Form*, in der er diese Frage stellt. Wie er an anderer Stelle – u.a. in seinem eigens der Natur des Guten gewidmeten Werk *De natura boni* – schon ausgeführt hatte,[7] möchte er auch hier die Frage nach dem Bösen nicht, wie man vielleicht zunächst erwarten würde, mit Blick auf dessen Ursache bzw. Ursachen in den Blick nehmen – wie sich noch zeigen wird, würde sich ein solcher Zugang Augustinus zufolge letztlich als irreführend erweisen. Statt danach zu fragen, *woher das Böse stamme* – lateinisch *unde malum* –, müsse dem zuvor zunächst gefragt werden, *was das Böse denn überhaupt sei (quid est malum)*.[8] Wie sich sogleich anhand der Argumentation im *Handbüchlein* zeigen wird, ist diese Verschiebung der Fragestellung insofern von zentraler

---

et la philosophie. Paris 1996, S. 121–124; Stein, W.: Sapientia bei Augustinus. Winterschlick 1973, S. 67–72.
[5] Vgl. Aurelius Augustinus: Enchiridion de fide spe et caritate/Handbüchlein über Glaube, Hoffnung und Liebe. Text und Übersetzung mit Einleitung und Kommentar. Hg. v. J. Barbel. Düsseldorf 1960.
[6] Vgl. Geerlings, W.: Augustinus, in: Lexikon der antiken christlichen Literatur. Hg. v. S. Döpp, W. Geerlings. Freiburg 2002, S. 92.
[7] Vgl. Augustinus: De natura boni 4. Hg. v. J. Zycha (CSEL 25,2; 857); vgl. überdies Augustinus: Contra epistulam manichaei 36. Hg. v. J. Zycha (CSEL 25,1; 241).
[8] Zu Augustinus' Umgestaltung dieser Fragestellung und seiner Privationstheorie des Bösen im Allgemeinen vgl. Schäfer, C.: Unde malum. Die Frage nach dem Woher des Bösen bei Plotin, Augustinus und Dionysius. Würzburg 2002, S. 219f (im Folgenden zitiert als Schäfer: Unde malum.); Kreiner: Gott im Leid, S. 125–139; s. zudem nochmals Augustinus: De natura boni 4; Augustinus: Contra epistulam manichaei 36.

Bedeutung, als die Frage nach dem ›seinsmäßigen Status‹ des Bösen auf einen Weg hinweist, wie die oben angesprochene Widersprüchlichkeit im Begriff Gottes, die sich aus der Existenz des Bösen ergibt, aufgelöst werden könnte. Ihren Ausgang nimmt Augustinus' Argumentation im *Handbüchlein* von der oben bereits angesprochenen Annahme, dass alles von Gott – den der Kirchenvater als »Dreifaltigkeit« (*trinitas*) fasst – geschaffen worden sei und dass diese Dreifaltigkeit in höchster und unveränderlicher Weise gut sei.[9] Trotz dieses so gefassten Ursprunges sind die geschaffenen Dinge jedoch, so der zweite Argumentationsschritt, nicht in derselben höchst unveränderlichen Weise gut wie ihr göttlicher Ursprung. Dies, so Augustinus, gelte, obwohl die einzelnen Dinge als solche gut sind und sie erst recht in ihrer Gesamtheit eine bewunderungswürdige Schönheit aufweisen. Es gibt also, so die Schlussfolgerung, auch Nicht-Gutes in der Schöpfung, womit das Thema des sogenannten »Bösen« (*malum*) angesprochen ist.[10]

Auch dieses sogenannte Böse allerdings ist Augustinus zufolge gut in die Schöpfung eingeordnet und hat demnach einen ihm zugewiesenen Ort. Dies bedeutet: Man *kann* das Böse mit der Annahme eines allmächtigen und guten Gottes zusammendenken. Denn, so ein erstes Argument des Kirchenvaters, zum einen hat das Böse eine *Funktion*, die darin besteht, das Gute im Vergleich zum diesem Bösen deutlicher und prächtiger hervortreten zu lassen.[11] Da wir, so die Supposition an dieser Stelle, vor allem an Unterschieden erkennen, zeigt sich das Gute gerade im Unterschied zum Bösen, das als solches den relevanten Kontrast für die Erkennbarkeit des Guten hergibt. Hier findet sich ein erster Hinweis darauf, wie das Böse, mit Augustinus gedacht, in die Schöpfung eingeordnet werden kann. Zum anderen, so fährt die Argumentation im eben zitierten Absatz des *Handbüchleins* fort, ist das Böse insofern mit der beschriebenen Konzeption Gottes zusammenzudenken, als dieser – verstanden als das höchste und allmächtige Gut – so allmächtig und gut ist, dass er nicht nur aus *Gutem* Gutes schaffen kann, sondern auch aus *Bösem*. Folglich trägt das Böse keinen Widerspruch in die Konzeption des allmächtigen und guten Gottes, vielmehr lässt es dessen allmächtige Güte sogar noch hervortreten, da diese so hochstehend ist, dass Gott sogar aus Bösem Gutes machen kann und nicht nur aus Gutem. Diese Überlegungen zum Ort und zur Funktion des Bösen bieten für

---

[9] Vgl. Augustinus: Enchiridion III, S. 10.
[10] Vgl. dazu und zum Folgenden Augustinus: Enchiridion III, S. 11f.
[11] Vgl. Augustinus: Enchiridion III, S. 11.

Augustinus erste Ansätze zu einer Lösung dessen, wie man den Begriff eines allmächtigen und guten Gottes mit dem Begriff der Existenz des Bösen so zusammendenken kann, dass sich die Widersprüche, die sich zunächst aus einem solchen Zusammendenken zu ergeben schienen, als Scheinwidersprüche entlarven lassen. Sein Hauptargument gegen diese scheinbare Widersprüchlichkeit fügt den bisherigen Überlegungen allerdings noch einen weiteren Aspekt hinzu, der sich als wesentlich für Augustinus' Konzeption des Bösen erweist.

Wie oben bereits angemerkt worden ist, stellt für Augustinus die Frage, *was* denn das Böse überhaupt sei, die Leitfrage seiner Betrachtungen zu eben diesem Bösen dar. In seinem *Handbüchlein* gibt er nun eine Antwort auf diese auf den ersten Blick vielleicht etwas merkwürdig erscheinende Frage, wobei er seine Position zunächst in eine rhetorische Frage kleidet: »Was aber ist das, was Böses genannt wird, anderes als ein Mangel des Guten (*privatio boni*)?«[12] Dass das Böse in der Tat nichts anderes als ein Mangel sei, sucht Augustinus im Folgenden u.a. anhand des Beispiels der körperlichen Krankheit zu veranschaulichen, die sich für einen lebendigen Leib nämlich als ein Mangel an Gesundheit darstelle.[13] Wie dieses Krankheitsbeispiel zeigt, gilt laut Augustinus, dass das Böse *nichts* ist, was *an sich* existieren würde und als solches eine selbstständige und somit substanzielle Existenz aufwiese. Vielmehr komme es nur gleichsam parasitär an Dingen vor, die ihrerseits über eine solche eigenständige Existenz verfügen, sodass das Böse mit Blick auf sein »Sein« augustinisch gedacht von diesem jeweils substanziell Seienden abhängt. Wird die Krankheit nämlich geheilt, so das Argument, dann werde die Krankheit nicht wie ein selbstständig Existierendes entfernt und quasi an einen anderen Ort bzw. an einen anderen Körper verpflanzt. Vielmehr verschwinde die Krankheit im Fall der Heilung völlig, da sie nichts an sich selbst Existierendes, keine *Substanz* sei, wie Augustinus es formuliert, sondern nur ein Mangel, der als solcher an einer in diesem Fall körperlichen Substanz vorhanden ist. Bei derartigen Substanzen handelt es sich Augustinus zufolge um all das, was als eigenständiges Seiendes existiert, und als solche sind diese Substanzen auch gut, da sie so, wie sie sind, von Gott geschaffen worden sind. Wie das Krankheitsbeispiel des Weiteren zeigt, ist dieses Fehlen dabei nicht als ein neutrales »Nicht-da-sein« aufzufassen, sondern als ein Fehlen von etwas, das eigentlich

---

[12] Augustinus: Enchiridion III, S. 11: »Quid est autem aliud, quod malum dicitur, nisi privatio boni?«.
[13] Vgl. Augustinus: Enchiridion III, S. 11.

da sein sollte, hier der körperlichen Gesundheit, die in diesem Beispiel als das Gut erscheint, an dem es im Krankheitsfall mangelt. Insofern ist das Böse, verstanden als ein solcher Mangel, eben auch als ein Mangel an Gutem aufzufassen, als *privatio boni*, und eben nicht als ein neutrales Nicht-da-sein.[14] Was hier gemeint ist, lässt sich mit Hilfe des etwas profanen Beispiels des Schweigens eines Steins veranschaulichen. Aus dem Umstand, dass ein Stein nicht spricht, ist zwar der Schluss zu ziehen, dass er nicht über die Fähigkeit zu sprechen verfügt. Allerdings ist sein Schweigen im Kontext der skizzierten augustinischen Logik nicht als ein Mangel anzusehen, da dem Stein *naturgemäß* nicht die Eigenschaft zukommt, sprechen zu können, weshalb hier kein Fehlen von etwas vorliegt, das eigentlich da sein sollte und das als solches als das Gut anzusehen wäre, an dem es in diesem Fall mangeln würde. Anders stellt sich der Sachverhalt in Bezug auf einen Menschen dar, dem nach antiker Vorstellung naturgemäß die Fähigkeit des Sprechens zukommt, sodass das Fehlen dieser Fähigkeit durchaus als ein Mangel einzuschätzen ist.

Die Theorie des Bösen ist, mit Augustinus gedacht, nicht nur auf die unterschiedlichen Facetten dessen anzuwenden, was wir im engeren Sinn mit dem Begriff des Bösen verbinden und das wir als solches in der Regel mit den Bereichen des Moralischen oder Ethischen assoziieren. Das Beispiel der körperlichen Krankheit zeigt vielmehr, dass es um eine Theorie des *Übels* oder des *Schlechten* im Allgemeinen geht, die Augustinus hier seinem eigenen Anspruch nach entwickelt. Von diesem Übel oder Schlechten stellt das Böse lediglich eine bestimmte Spielart dar, auf die Augustinus im *Handbüchlein* dann auch explizit anhand des Beispiels des moralischen Lasters eingeht, das er als einen Mangel an der Seele fasst.[15]

Vor dem Hintergrund dieser Konzeption des Bösen als eines Mangels zeigt sich, dass das Böse für Augustinus insofern widerspruchsfrei mit dem Begriff eines allmächtigen und guten Gottes zusammenzudenken ist, als das Böse an sich – nämlich als ein substanziell Existierendes – gar nicht existiert. Infolgedessen, so das Argument des Augustinus, ist die Frage danach, wie der allmächtige und gute Gott als Ursprung des Bösen anzusehen ist, sinnlos, da das Böse als ein an sich gar nicht Seiendes

---

[14] Demnach kann das Böse augustinisch gedacht u.a. auch als eine Form der *corruptio*, des *defectus* und der *amissio* angesehen werden. Vgl. dazu Schäfer: Unde malum, S. 219–225 und die dort angegebenen Stellen aus Augustinus' Werken.
[15] Vgl. Augustinus: Enchiridion III,11.

auch nicht von Gott geschaffen worden sein kann.[16] Alles, was Gott schafft, ist, mit Augustinus gedacht, vielmehr seiend im Sinne eines an sich und mithin substanziell Existierenden; was Gott nicht schafft – und auch gar nicht schaffen kann – ist der Mangel in seiner Eigenschaft des Nicht-an-sich-Seienden. Als solcher ist der nur jeweils an einem Guten vorkommende Mangel auch nur im Verhältnis zu eben diesem Guten bestimmbar.[17] Sprechen wir von einem Mangel, so sprechen wir stets von einem Mangel an einem Gut, das damit zur Bestimmungsgrundlage des Bösen wird – dieser Punkt wird auch mit Blick auf die Frage der Bestimmung des Bösen in Christopher Nolans Film zentral sein.

Das oben skizzierte Problem, demzufolge Gott in seiner Allmacht und Güte nicht als Ursache des Bösen angesehen werden könne, erweist sich für Augustinus mithin als ein Scheinproblem, und zwar ebenso wie der Verdacht, dass Gott möglicherweise nicht das Prinzip alles Seienden sein könnte, da er nicht als die Ursache des Bösen in Frage kommt. Letzteres ist, wie gesehen, ebenfalls unproblematisch, da es grundsätzlich keinen Sinn macht, nach der Ursache von etwas an sich nicht Existierendem wie dem Bösen zu fragen. Hier liegt daher auch der Grund dafür, weshalb Augustinus die Frage nach dem *Woher* des Bösen durch die danach, *was* das Böse sei, ersetzt.

Im Sinne eines knappen Zwischenfazits zur augustinischen Konzeption des Bösen lassen sich an dieser Stelle drei Schlussfolgerungen ziehen, die auch für die nachfolgenden Überlegungen wichtig sein werden:

1. Die »Existenz« des Bösen in der Welt zieht nicht notwendigerweise Widersprüche im Gottesbegriff nach sich. Folglich *kann* Gott – der Augustin'schen Logik zufolge – widerspruchsfrei mit dem Bösen zusammengedacht werden.
2. Das Böse hat seinen Ort in der kosmischen, von Gott gestifteten Ordnung. Es lässt sich aufgrund seiner Konzeption als Mangel so bestimmen, dass es in dieser kosmischen Ordnung aufgehoben ist.
3. Bestimmen lässt sich das Böse dabei immer nur im Verhältnis zu einem von Gott geschaffenen Gut.

Für das Folgende kommt vor allem dem *zweiten* und dem *dritten* dieser Punkte eine zentrale Bedeutung zu. Denn, wie deutlich werden wird, erweisen sich genau diese Fragen nach der *Einordnung* und der *Bestimmung* des Bösen im Fall seiner Konzeption in Christopher Nolans

---

[16] Vgl. dazu Kreiner: Gott im Leid, S. 132.
[17] Vgl. Schäfer: Unde malum, S. 223–225.

The Dark Knight als problematisch. Bevor wir uns Nolans Werk und der Frage nach der Möglichkeit einer Einordnung des Bösen im Speziellen zuwenden, sollen nun zunächst allerdings einige Aspekte der Konzeption des Bösen in *islamisch-theologischen* und *-philosophischen* Kontexten zur Sprache gebracht werden. Wie dabei deutlich werden wird, kann auch hier die Frage danach, wie das Böse angesichts bestimmter religiöser Grundüberzeugungen *einzuordnen* ist, als ein wesentliches Moment der entsprechenden Diskussionen angesehen werden. Dies wird v.a. auch mit Blick auf die Herausforderung durch Nolans filmische Umsetzung der Thematik des Bösen interessant sein

2. Konzepte des Bösen in islamisch-theologischen und -philosophischen Traditionen

Die Frage nach dem Bösen wird im Rahmen islamisch-theologischen und -philosophischen Nachdenkens höchst differenziert gestellt und beantwortet. Sie wird dabei, historisch und systematisch betrachtet, in sehr unterschiedlichen Kontexten aufgeworfen, in denen das Böse konzeptionell in Verbindung zu weiteren, für die islamische Theologie zentralen Themenstellungen diskutiert wird. Hier ist beispielsweise an das Problem der menschlichen Freiheit und – aufs Engste damit verbunden – die Frage nach der Verantwortung des Menschen zu denken, aber auch an das Thema des Ursprungs des Bösen oder an die Vereinbarkeit der Allmacht und Barmherzigkeit Gottes mit der Existenz des Bösen.[18] Überlegungen zur Frage nach dem Bösen finden sich schon im *Koran*, wobei hier vor allem Konzepte im Zentrum stehen, die mit dem Terminus *šarr* verbunden sind.[19] Wenngleich der Koran das »Böse« im Sinne von *šarr* nicht als ein theoretisches Problem behandelt und zudem

---

[18] Zu diesen konzeptionellen Hintergründen vgl. Inati, S.: The Problem of Evil. Ibn Sina's Theodicy. Piscataway NJ 2017, S. 1–14 (im Folgenden zitiert als: Inati: The Probelem of Evil.); s. überdies Rouzati, N.: Evil and Human Suffering in Islamic Thought – Towards a Mystical Theodicy, in: Religions 9, No. 2: 47, 2018, (https://doi.org/10.3390/rel902 0047), S. 4, (abgerufen am 19.05.2021; im Folgenden zitiert als: Rouzati: Evil and Human Suffering in Islamic Thought); vgl. auch Loichinger, A., Kreiner, A.: Theodizee in den Weltreligionen. Ein Studienbuch. Paderborn 2010, S. 205–210. Im Folgenden zitiert als Loichinger, Kreiner: Theodizee in den Weltreligionen.

[19] Vgl. Rouzati: Evil and Human Suffering in Islamic Thought, S. 2f.; s. zudem Ozkan, T. Y.: A Muslim Response to Evil. Said Nursi on Theodicy. London 2015, S. 19–35 (im Folgenden zitiert als Ozkan: A Muslim Response to Evil).

die semantische Bandbreite des Begriffs für dessen Interpretation zu berücksichtigen ist, zeigt ein Blick auf die relevanten koranischen Stellen, dass auch hier das Thema der Ordnung bzw. *Einordnung* des Bösen eine essentielle Rolle spielt und wir auch hier ein Kernelement des monotheistisch-theologischen Umgangs mit dem Bösen finden.[20] So wird der Terminus *šarr* koranisch in der Regel zur Bezeichnung eines Zustandes menschlicher Existenz verwendet, der sich als Konsequenz aus einem Verhalten ergibt, das nicht in Einklang mit dem göttlichen Plan steht.[21] Tubanur Ozkan fasst diesen Punkt prägnant zusammen, wenn sie schreibt: »[...] any kind of misbehaviour by man against the will of God is named *sharr*.«[22] Das mit Hilfe von *šarr* thematisierte Böse fällt dementsprechend in die Kategorie des sogenannten »moralischen Bösen« und nicht in den Bereich dessen, was bisweilen als »natürliches Böses« bezeichnet wird und das u.a. Naturkatastrophen und ähnliche Phänomene umgreift.[23] Wie Ozkans Anaylse des semantischen Feldes von *šarr* verdeutlicht, lassen sich die Formen des menschlichen Verstoßens gegen den Willen Gottes dabei in ganz unterschiedliche Bereiche unterteilen. Sie reichen von Geiz über das ›Verlassen des rechten Weges‹, die Ablehnung Gottes, Spielarten der Idolatrie bin hin zu Verleumdung oder Spielarten des Vertragsbruches.[24] Eine weitere Facette des koranischen Verständnisses von *šarr* betrifft den ›Test-Charakter‹ dieser Art des Bösen. So können die genannten Möglichkeiten, sich gegen den göttlichen Willen zu verfehlen, auch als von Gott selbst initiierte *Versuchungen* der moralischen Standhaftigkeit eines Menschen angesehen werden, als schwierige Situationen, in denen es sich zu bewähren gilt.[25]

Im Hintergrund dieser Konzeptionen des im Koran mit *šarr* bezeichneten Bösen stehen dabei einige Vorstellungen, die zentral sind für die hier verhandelte Thematik. Dies betrifft vor allem die koranische Grundüberzeugung, dass die göttliche Schöpfung als solche eine *Ordnung* aufweist, die von Gott selbst gegründet und in ihrem Bestand gesichert ist und gegen die der böse handelnde und damit in den Zustand

---

[20] Vgl. Rouzati: Evil and Human Suffering in Islamic Thought, S. 2f.; zur semantischen Bandbreite des Terminus im Koran vgl. Ozkan: A Muslim Response to Evil, S. 20–35.
[21] Vgl. Rouzati: Evil and Human Suffering in Islamic Thought, S. 2.
[22] Ozkan: A Muslim Response to Evil, S. 19.
[23] Vgl. ebd., S. 19f.
[24] Vgl. ebd. S. 20–29.
[25] Vgl. ebd., S. 30–32 mit einem Verweis auf den Koran 21,35.

des *šarr* verfallende Mensch verstößt.[26] Auch wenn der Mensch offensichtlich über die Möglichkeit verfügt, durch sein moralisch schlechtes Handeln gegen diese Ordnung zu verstoßen, bedeutet dies koranisch gedacht allerdings nicht, dass die göttliche Ordnung tatsächlich dauerhaft Schaden nehmen würde; wird doch zum einen spätestens im Kontext des jenseitigen Gerichtes die Ordnung durch den mit der Strafe gegebenen Ausgleich der Gerechtigkeit wiederhergestellt. Zum anderen zeigt vor allem der eben angesprochene Versuchungscharakter von *šarr*, dass auch dieses Phänomen wie alles andere Seiende koranisch gedacht nicht aus dem göttlichen Verfügungsbereich fällt, sofern auch Versuchungen, wie sie mit »*šarr*« assoziiert werden, von Gott selbst dazu verwendet werden, die moralische Standhaftigkeit des Menschen zu prüfen.[27]

Dieser Aspekt einer engen Verbindung zwischen den Konzeptionen des Bösen und der Ordnung findet sich auch an weiteren Stellen im Koran, an denen das Böse allerdings nicht mit dem Terminus »*šarr*« bezeichnet wird. In diesen Kontexten wird das Böse vor allem im Zusammenhang mit dem Problem menschlichen *Leids* diskutiert, dessen Existenz zunächst im Widerspruch zur Allmacht und zur Güte Gottes zu stehen scheint. Wenngleich auch hier gilt, dass dieser Zusammenhang im Koran nicht im Sinne eines ›theoretischen Problems‹ erörtert wird, gibt der Text doch einige Anhaltspunkte dafür, wie mit dieser Schwierigkeit umzugehen ist. Wie schon bezüglich einiger Aspekte des Bösen im Sinne von von *šarr* spielt auch hier die koranisch vielfach diskutierte Thematik der *Versuchung* (*ibtilā*) eine zentrale Rolle. Demnach ergibt sich, wie Nasrin Rouzati u.a. auf Koran 2,155 verweisend erklärt, aus dem Vorhandensein menschlichen Leids insofern kein Widerspruch zu den Vorstellungen der Allmacht und – so wird man hinzunehmen müssen – der Güte Gottes, als auch das menschliche Leid als eine spezifische Form des Bösen nur deswegen bestehen kann, weil Gott es da sein lässt, und zwar gerade aus seiner Güte heraus.[28] Ein Schlüssel zur Erklärung dieser zunächst kontraintuitiven Einlassung findet sich in den eben genannten Überlegungen zur *Versuchung*, in deren Kontext das Leid

---

[26] Vgl. Rouzati: Evil and Human Suffering in Islamic Thought, S. 2: »The Qur'an noticeably upholds that the creation of the universe—and by extension, humankind—is purposeful and not in vain. Man, therefore, must make a serious effort to live his life according to God's cosmic plan. By neglecting the purpose for his creation and the accountabilities that it entails, he creates an undesirable living condition for himself, that is, *sharr*.«

[27] Vgl. Rouzati: Evil and Human Suffering in Islamic Thought, S. 3f.; Loichinger, Kreiner: Theodizee in den Weltreligionen, S. 206f.

[28] Vgl. Rouzati: Evil and Human Suffering in Islamic Thought, S. 3.

koranisch als ein göttliches Instrument erscheint, das u.a. dazu dient, den menschlichen Glauben auf die Probe zu stellen, und dem Gläubigen die Gelegenheit gibt, sich als solcher zu bewähren. Ganz so wie Abraham und Moses und vor allem auch Mohammed, die als ideale Glaubensvorbilder dienen, soll der gläubige Mensch sich auch in leidvollen Zeiten treu der göttlichen Rechtleitung überantworten und im Glauben fest bestehen bleiben, um schlussendlich zum Heil zu gelangen. So (...) »deutet der Islam das ganze Leben als eine einzige große Bewährungsprobe, in der die freie Verantwortlichkeit des Menschen angefragt ist, seine Glaubenstreue geprüft wird und so die Entschiedenheit und der Einsatz für das Gute reifen soll, damit der Mensch der »Freuden des Paradieses« würdig wird«[29]. Sofern das Böse im Sinne des menschlichen Leids koranisch gedacht u.a. als ein Instrument der Glaubensbewährung anzusehen ist, das im Letzten dem Heil des Menschen dient, ist es nicht nur kompatibel mit den Vorstellungen der Allmacht und der Güte Gottes, sondern auch eingeordnet in dessen universellen Heilsplan und somit auch in die in Gott gründende kosmische Ordnung. Zu eben diesem Schluss gelangt man auch, wenn man sich weitere »Funktionen« des Leids anschaut, die im Koran ebenfalls eine wichtige Rolle spielen und die beispielsweise den Straf- und Läuterungscharakter des Leids betreffen.[30]

Weitere Beispiele islamisch-theologischer und -philosophischer Betrachtungen des Bösen

Auf der Basis derartiger bereits im Koran vorkommender Überlegungen zum Thema des Bösen finden sich in den Traditionen islamisch-theologischen und -philosophischen Denkens eine ganze Reihe weiterer Betrachtungen zu dieser Thematik. Diese Untersuchungen nehmen – wenn auch in teils sehr unterschiedlicher Weise – ebenfalls den Zusammenhang zwischen (göttlicher) Ordnung und dem Bösen in den Blick.[31]

Eine im Kontext islamischer Theologie bereits sehr früh einsetzende Diskussion, die sich auch für die Frage nach dem Bösen als maßgeblich erweist, betrifft das Problem der Vereinbarkeit der göttlichen Allmacht

---

[29] Loichinger, Kreiner: Theodizee in den Weltreligionen, S. 206 mit Verweisen auf Koran 2,286 und 27,40.
[30] Vgl. Loichinger, Kreiner: Theodizee in den Weltreligionen, S. 205f.
[31] Für das Nachfolgende ist der in Rouzati: Evil and Human Suffering in Islamic Thought, S. 4–8 gegebene Überblick zur Thematik leitend.

mit dem Konzept der menschlichen Willensfreiheit.[32] Gerade in Bezug auf das eben erörterte Thema des moralischen Bösen ist die Klärung dieser Vereinbarkeit insofern essentiell, als damit die Frage nach der menschlichen Verantwortung für mögliche Formen bösen Wollens und Handelns in den Fokus rückt. Ist der Mensch frei, Böses zu wollen und zu tun, wenn Gott doch, wie schon der Koran bezeugt, als allmächtig anzusehen ist und daher eigentlich auch Macht über das Wollen und Tun des Menschen hat?[33] Spezifischer gefragt: Wer *schafft* die menschlichen Akte des Wollens und des Tuns, was insbesondere mit Blick auf die als »böse« einzuschätzenden Akte relevant ist? Ist es der Mensch selbst oder doch Gott, der hier die Verantwortung zu tragen hat? Die hier aufscheinende Frage nach dem Geltungsbereich der Prinzipienhaftigkeit Gottes hat die frühe islamische Theologie intensiv beschäftigt, unterschiedliche, teilweise sehr kontroverse Positionen hervorgebracht und zu bisweilen auch vehement ausgetragenen Konflikten geführt. Ohne hier auf diese u.a. zwischen mutazilitischen und ascharitischen Schulen geführten Auseinandersetzungen weiter eingehen zu können,[34] sei dazu lediglich angemerkt, dass auch die diesen Diskussionen zugrundeliegende Fragestellung das Thema einer möglichen *Einordnung* des Bösen im Kontext monotheistisch-religiöser Grundüberzeugungen aufwirft – hier nun gewendet in Bezug auf die Frage nach der Verantwortung für das Bestehen dieses Bösen, das angesichts der Annahme eines allmächtigen und guten Gottes problematisch wird; scheint sich das Böse doch nicht in die durch den allmächtigen und guten Gott konstituierte Ordnung einfügen zu lassen.

Eine weitere, für den hier untersuchten Zusammenhang ebenfalls höchst relevante Betrachtung zur Frage nach dem Bösen ist in der islamisch-*philosophischen* Tradition angestellt worden. Diese beschäftigt sich mit dem ›ontologischen Status‹ des Bösen, den Denker wie beispielsweise Mulla Sadra und Ibn Sīnā intensiv und höchst differenziert untersucht und in seiner konzeptionellen Relation zu den Begriffen der ›Existenz‹ (*wujūd*) und der ›Nicht-Existenz‹ bzw. ›Privation‹(›*adam*) gefasst

---

[32] Auf den Zusammenhang zwischen dieser Problemstellung und dem Thema des Bösen weist Rouzati: Evil and Human Suffering in Islamic Thought, S. 4. hin.
[33] Vgl. dazu und zum Folgenden Ozkan: A Muslim Response to Evil, S. 40–43; Rouzati: Evil and Human Suffering in Islamic Thought, S. 4f.
[34] Vgl. dazu einführend u.a. Loichinger, Kreiner: Theodizee in den Weltreligionen, S. 207–209.

haben.³⁵ Interessant sind Ibn Sīnās Überlegungen hier dabei auch insofern, als sie – wie auch die augustinische Konzeption – starke (neu-)platonische Einflüsse aufweisen und damit eine gewisse Verwandtschaft zu Augustinus' Betrachtungen erkennen lassen.³⁶ Auch wenn Ibn Sīnās Betrachtungen zum Bösen an einigen Stellen differenzierter ausfallen als die des Augustinus, wenn er etwa zwischen dem ›essentiellen Bösen‹ (*šarr bi-ḏ-ḏāt*) und dem ›akzidentellen Bösen‹ (*šarr bi-l-ʿaraḍ*) unterscheidet,³⁷ so zeigen sich die Parallelen zu den Überlegungen des Kirchenvaters vor allem mit Blick auf Ibn Sīnās Verständnis des ›essentiellen Bösen‹ als einer Form der *Privation* (›*adam*).³⁸ Auf der Grundlage dieser Sichtweise auf das Böse löst sich das Problem der im Widerspruch zur Annahme eines allmächtigen und guten Gottes zu stehen scheinenden »Existenz« des Bösen mit Ibn Sīnā gedacht in ähnlicher Weise wie bei Augustinus;³⁹ erweist sich doch das Böse in seiner Eigenschaft als eines ›geschuldeten Mangels an Gutem‹ bzw. an einer ›Vollkommenheit‹ (*privatio boni* bzw. *perfectionis*)⁴⁰ letztendlich als nicht an sich existent, sodass sich auch der eben angesprochene Widerspruch als ein *Scheinwiderspruch* entlarvt. Dementsprechend lässt sich, wie Shams Inati in Bezug auf Ibn Sīnās Ausführungen herausarbeitet, dem Philosophen zufolge z.B. gar nicht sinnvoll nach dem Ursprung oder den Ursprüngen des Bösen fragen.⁴¹ Vielmehr ist das Böse als ein mit der *Unordnung* zu identifizierendes⁴² auf den defizitären Charakter der Materie zurückzuführen, die nicht

---

[35] Zu dieser Bedeutungsebene von ›*adam*, vgl. Shihadeh, A.: Avicenna's Theodicy and al-Rāzī's Anti-Theodicy, in: Intellectual History of the Islamicate World 7 (2019). Ed. by J. Decter et al., S. 65. (Im Folgenden zitiert als: Shidadeh: Avicenna's Theodicy.) Das Thema der islamischen Konzeption der Privation und ihre Parallelen zu Augustinus' Überlegungen werden uns sogleich noch näher beschäftigen.

[36] Vgl. Inati: The Problem of Evil, S. 65.

[37] Vgl. ebd., S. 65–100.

[38] Zu Ibn Sīnās Bestimmung des essentiellen Bösen als *privatio* vgl. Steel, C.: Avicenna and Thomas Aquinas on Evil, in: Avicenna and his Heritage. Acts of the International Colloquium, Leuven – Louvain-la-Neuve, September 8 – September 11, 1999. Ed. by J. Janssens, D. De Smet. Leuven 2002, S. 176 mit den dort angegebenen Verweisstellen; zur Übersetzung von ›*adam* mit »Privation« (im Folgenden zitiert als Steel: Avicenna and Thomas Aquinas.); vgl. zudem Shihadeh: Avicenna's Theodicy, S. 65; zur besagten Differenzierung bezüglich des sogenannten metaphysischen Bösen bei Avicenna siehe auch Inati: The Problem of Evil, S. 67–84.

[39] Dass genau dieser Widerspruch am Grund von Ibn Sīnās Betrachtungen zum Bösen liege, betont auch Steel: Avicenna and Thomas Aquinas, S. 173.

[40] Vgl. ebd., S. 176; Shihadeh: Avicenna's Theodicy, S. 65.

[41] Vgl. Inati: The Problem of Evil, S. 80.

[42] Vgl. ebd., S. 79.

imstande ist, die Ordnung bedingenden Formen in angemessener Weise aufzunehmen.[43] Diese für Ibn Sīnā fundamentale und vor allem durch (neu)platonisches Gedankengut inspirierte Annahme eines Zusammenhangs zwischen den Konzepten des essentiellen Bösen, der Materie und – damit verbunden – der Ordnung bzw. Unordnung weist darauf hin, dass auch für diesen Denker die Problematik des Bösen aufs Engste mit dem Thema der in Gott gründenden allgemeinen Ordnung verbunden ist. Wie Carlos Steel darlegt, stellt der Gedanke der kosmischen Ordnung für Ibn Sīnā dabei eine Grundannahme dar, die sich aus der Voraussetzung einer Ersten Ursache ergibt. Demzufolge besteht das Hauptanliegen (main concern) des Philosophen laut Steel darin, aufzuzeigen, »how even evil falls under the perfect order established by the divine Decree. For this is the main difficulty with which we are faced: if God is almighty and benevolent, then why do evil things occur, seemingly thwarting divine providence?«[44].

Sowohl die islamisch-theologischen als auch die -philosophischen Traditionen haben eine ganze Reihe weiterer Entwürfe zur Lösung dieser hier im Anhalt an Ibn Sīnās Überlegungen formulierten Grundproblematik entwickelt. Zu denken wäre hier vor allem an Konzeptionen wie die Abu Hamid Al-Ghazzalis, der mit einem Modell der »bestmöglichen aller Welten« operiert, das bisweilen in Parallele zu Leibniz Betrachtungen zur Theodicee gelesen wird, oder auch an die mystischen Traditionen, hier vor allem an die Werke Rumis, die auch und gerade in Bezug auf die Frage nach dem menschlichen Leid eine nachhaltige Wirkungsgeschichte entfaltet haben. Wie in einer ausführlicheren, hier nicht leistbaren Untersuchung eigens zu zeigen wäre, sind auch diese Konzeptionen dabei grundsätzlich – trotz ihrer vielfältigen Unterschiede – auf die eben skizzierte Grundfrage nach der Möglichkeit einer Einordnung des Bösen hin orientiert, wiewohl sie möglicherweise einige interessante Ansatzpunkte liefern, um über derartige Einordnungsversuche hinauszugehen.[45]

Vor dem Hintergrund des bislang Dargelegten soll nun in einem nächsten Schritt erörtert werden, dass und inwiefern die Konzeption des Bösen in Christopher Nolans *The Dark Knight* eine Herausforderung sowohl für die skizzierten christlichen als auch für die islamischen

---

[43] Vgl. ebd., S. 81–84; Shihadeh: Avicenna's Theodicy, S. 65.
[44] Steel: Avicenna and Thomas Aquinas, S. 173.
[45] Gerade in Bezug auf die mystischen Traditionen islamischer – aber auch christlicher – Prägung wäre die in diesem Zusammenhang zu beobachtende Übersteigung des aristotelischen Kontradiktionsprinzips ein vielversprechender Ausgangspunkt für weitere Möglichkeiten, sich theologisch mit Blick auf das Problem des Bösen zu positionieren.

Einordnungsversuche des Bösen bedeutet. Dazu soll die Nolan'sche Konzeption zunächst dargestellt werden, um anschließend die besagte Gegenüberstellung vorzunehmen und die Konsequenzen abzuleiten, die sich aus dieser Gegenüberstellung ergeben.

3. Das Böse in Nolans The Dark Knight – die Figur des Jokers

Auf den ersten Blick lässt sich die Frage nach dem Bösen in Nolans Film sehr leicht beantworten. Die Rolle des Bösen fällt offensichtlich dem *Joker* zu, der in seiner verrückt-skurrilen, durch Willkür und Grausamkeit geprägten Art durchaus sogar als eine Art »Paradepersonifikation« des Bösen durchgeht. Dies zeigt sich an einer ganzen Reihe von Szenen, in denen die Grausamkeit dieses Gangsters zum Ausdruck kommt, wenn er zum Beispiel erklärt, dass er das Messer deswegen am meisten als Mordwaffe schätzt, weil er es genieße, den Schmerz seiner Opfer zu spüren. Auch sonst tut sich dieser erratisch irrlichternde Verbrecher-Clown durch groteske Akte der Grausamkeit hervor, wenn er, wie eine weitere Szene des Films drastisch zeigt, einen seiner Rivalen tötet, indem er ihm einen Bleistift in den Kopf rammt.[46]

Schauen wir allerdings etwas genauer hin und fragen uns, *wer oder was* dieser Joker eigentlich ist, wird die Sachlage etwas komplizierter. Dies deutet der Film gleich zu Beginn mit seiner Eröffnungssequenz an, in der wir Zeuge eines Bankraubes werden.[47] Dabei überfallen fünf Clownsmasken tragende Gangster eine Bank, wobei sie offensichtlich vom Joker zu diesem Coup angeheuert worden sind. Während sie zur Bank fahren bzw. zwei von ihnen auf dem Dach des Gebäudes Manipulationen am Telefon- und Stromnetz vornehmen, um den Überfall vorzubereiten, unterhalten sie sich u.a. darüber, wer dieser Joker eigentlich sei und wie er zu seinem Namen gekommen sein mag – wie der weitere Verlauf des Films zeigt, ist diese Frage nach der Identität des Jokers eine Kernfrage, die über den ganzen Film hinweg gestellt wird und die uns auch hier im Folgenden beschäftigen wird. In der Szene wird jedenfalls schnell deutlich, dass der Joker bei seinen kriminellen Machenschaften auf unkonventionelle und grausame Praktiken setzt, da er offensichtlich jeden einzelnen seiner Gangmitglieder instruiert

---

[46] The Dark Knight. Christopher Nolan. US 2008. TC 00:23:25–00:23:32.
[47] Ebd., TC 00:00:51–00:06:14.

hat, die jeweils anderen Kollegen nach Erledigung des gemeinsam auszuführenden Jobs zu beseitigen. So bleibt am Ende der Aktion nur ein Clown übrig, der von einem schwer verletzten Wächter der Bank, der Zeuge dieses unsolidarischen Umgangs innerhalb der Clownsgang geworden war, auf diesen Irrsinn angesprochen wird. Früher, da hätten auch Kriminelle noch einen Ehrenkodex gehabt, und jetzt?! »Woran glaubst Du noch?«, fragt der Wächter den übrig gebliebenen Clown. Als Antwort zieht der Angesprochene seine Clownsmaske ab und sagt: »Ich glaube, was Dich nicht umbringt, macht Dich einfach merkwürdiger.«[48] Noch verstörender als diese ihrerseits höchst merkwürdige Antwort ist vor allem das, was unter der Maske zum Vorschein kommt, nämlich das grotesk geschminkte Gesicht des Jokers – also eine weitere Maske. Während wir normalerweise erwarten, dass jemand, der seine Maske abnimmt, sein wahres Gesicht zeigt, wird im Fall des Jokers deutlich, dass hinter seiner Maske nur eine weitere Maske steckt. Schon hier deutet sich ein wesentliches Leitmotiv des Films an, das in verschiedenen Spielarten immer wieder thematisiert wird und das die Frage stellt, was denn nun hinter dieser Maske des Jokers stecke – oder ob dahinter vielleicht gar nichts anderes sein könnte. An dieser Stelle kommt damit nochmals die eben schon angesprochene Frage nach der Identität dieses höchst merkwürdigen Gangsters ins Spiel, die schon die Gangsterkollegen des Jokers gestellt hatten und die für die Bestimmung des Bösen in Nolans *The Dark Knight* entscheidend ist, wenn wir den Joker als Personifikation dieses Bösen betrachten.

Im Folgenden soll das Problem der Identität des Jokers zunächst aus zwei Richtungen analysiert werden, die als solche auch im Film selbst thematisch werden. Zum einen wird erstens nach seinen *Ursprüngen* gefragt werden, also danach, *wieso* der Joker so geworden ist, wie er ist. Zum anderen sollen zweitens die *Ziele* dieses Verbrechers zum Thema werden, wobei beides – sowohl seine Ursprünge als auch seine Ziele – eine ganze Reihe von Merkwürdigkeiten aufweisen, die für die nachfolgende Bestimmung des Bösen in Nolans Film von zentraler Bedeutung sind.

---

[48] Ebd., TC 00:5:32–00:06:14: »I believe whatever doesn't kill you simply makes you stranger.«

Die Ursprünge des Jokers

Die Frage nach den Ursprüngen des Jokers wird in *The Dark Knight* mehrfach zum Thema gemacht und quasi leitmotivisch mit einer Frage verknüpft, die der Joker an verschiedenen Stellen – insgesamt sind es drei – im Film stellt, während er jemanden mit seinem Messer bedroht. Im englischen Original fragt er »Wanna know how I got these scars?« – »Willst Du wissen, wie ich diese Narben bekommen habe?« Nachfolgend sollen zwei dieser Szenen im Mittelpunkt stehen. Der Kontext der ersten Szene besteht darin, dass die Aktivitäten des Jokers andere Gangsterbosse in Gotham City immer mehr in Bedrängnis bringen, weshalb diese Bosse den Plan fassen, den Joker zu töten. Die Szene steigt dabei an dem Punkt ein, an dem dieser Plan scheinbar aufgegangen ist und einem Clan-Chef die Leiche des Jokers präsentiert werden soll.[49] Die zweite, ebenfalls sehr instruktive Szene spielt auf einer Party in einem Luxushotel, die der Joker »crasht« und in deren Rahmen er ein äußerst unangenehmes »Gespräch« mit Rachel Dawes führt, die er mit seinem Messer bedroht und der er ebenfalls seine Frage nach dem Ursprung seiner Narben stellt.[50]

Interessant ist nun an diesen von Heath Ledger grandios gespielten Szenen u.a., dass der Joker hier zwei ganz unterschiedliche Geschichten darüber erzählt, woher er seine Narben hat. Während er in der ersten Szene davon spricht, dass sein alkoholkranker, verrückter Vater ihm diese zugefügt habe, hat er sich die Narben der zweiten Szene zufolge selbst ins Gesicht geschnitten, um seiner Frau einen Liebesdienst zu erweisen. Wichtig für die Interpretation dieser Szenen ist, dass hier einander wechselseitig ausschließende Erklärungen präsentiert werden. Denn, wie hier deutlich wird, ist, die Frage nach den Ursprüngen der Narben des Jokers, die *pars pro toto* für die Ursprünge seines mental-psychologischen Zustandes und seiner verrückt-bösen Art stehen können, nicht im Sinne einer herkömmlichen Erklärungsform zu beantworten. Die Angabe ganz verschiedener Gründe dafür, weshalb er so ist, wie er ist, weist vielmehr darauf hin, dass sich der Joker – quasi in seinem »Sein« – und mithin auch das Böse, für das er steht, nicht kausal durch den Rekurs auf einen oder mehrere Gründe erklären lassen. Der Joker steht im binnensystematischen Kontext des Films in gewisser Weise in einer Grund*losigkeit*, was das Grauen, das seine Bosheit hervorruft, immens

---

[49] Ebd., TC 00:21:57–00:26:05.
[50] Ebd., TC 00:48:54–00:53:05.

verstärkt; ist doch ein Übel, das wir uns nicht erklären können, als solches immer ein noch schlimmeres – auf diesen Punkt wird später nochmals zurückzukommen sein.

Dieser *Auskunftslosigkeit* bezüglich der Ursprünge des Jokers entspricht die Darstellung seiner Ziele, wie der Film sie präsentiert. Auch hier ist eine ganze Reihe von Szenen aus dem Film höchst aufschlussreich. In einer dieser Szenen geht es um das Geld, das der Joker u.a. in dem zu Beginn angesprochenen Bankraub erbeutet hat und mit dem er einen eigensinnigen Plan verfolgt.[51] Gefragt von einem anderen Gangster, was er mit all seinem Geld vorhabe, was sein Plan damit sei, lässt der Joker eben dieses Geld zum Entsetzen des anderen Gangsters anzünden und verbrennen. Denn, so erklärt im Folgenden: »Es geht also nicht um Geld, es geht darum, eine Nachricht zu senden – alles brennt.«[52] Ganz ähnlich wie im Fall der Frage nach seinen Ursprüngen zeigt sich in diesem Fall auch mit Blick auf seine Ziele, dass das, was wir normalerweise für die Ziele eines Gangsters halten, beim Joker nicht greift, ja, dass er eigentlich gar keine Ziele und keinen Plan hat. Auch wenn er nämlich behauptet, dass er mit dem Verbrennen des Geldes doch ein Ziel verfolge – nämlich eine Nachricht zu senden – so zeigt doch der Inhalt dieser Nachricht, wie auch dieses Ziel einzuschätzen ist: *Alles* brennt, *alles* löst sich auf – und, wenn man das »alles« wirklich ernst nimmt, so gilt dies auch für das besagte Ziel des Sendens dieser Nachricht.

Dass eine solche Interpretation dieser Szene durchaus möglich ist, zeigt sich auch im Anhalt an eine weitere berühmte Szene des Filmes. In dieser fragt der als Krankenschwester verkleidete Joker den schwer verletzten Staatsanwalt von Gotham City, Harvey Dent: »Sehe ich wirklich wie ein Typ mit einem Plan aus? Weißt Du, was ich bin? Ich bin ein Hund, der Autos hinterherjagt. Ich wüsste gar nicht, was ich mit einem machen würde, wenn ich es fangen würde. Weißt Du, ich mache die Dinge einfach.«[53]

Wie ein Hund, der nicht aus rationalen Gründen, sondern einfach aufgrund der nicht von ihm selbst verursachten, sondern affektiv gesteuerten Aktivierung seines Jagdtriebes in sinnloser Weise nach Autos jagt – er wird sie nicht fressen können und, wie der Joker sagt, ich wüsste

---

[51] Ebd., TC 01:42:05–01:44:02.
[52] Ebd., US 2008. TC 01:43:50–01:43:58: »It's not about money... It's about sending a message – everything burns.«
[53] Ebd., TC 01:48:10–01:48:16: »Do I really look like a guy with a plan? You know what I am? I'm a dog chasing cars. I wouldn't know what to do with one if I caught it! You know, I just...do things...«

gar nicht, was ich mit einem Auto machen würde, – tut der Joker einfach Dinge, ohne einen Plan zu verfolgen. Ebenso wie er sich bezüglich seiner Ursprünge als grundlos erwiesen hat, zeigt er sich auch mit Blick auf seine Ziele als jemand, den keine Gründe leiten. Auch in dieser Hinsicht ist er unserem herkömmlichen Verständnis von Ursache und Wirkung, unseren Vorstellungen der Kausalität enthoben, da sich nicht nur die Frage, woher er kommt, eigentlich nicht beantworten lässt, sondern auch die Frage, wohin er will.

Wie nun deutlich geworden ist, lässt sich das Sein des Jokers bzw. des von ihm personifizierten Bösen weder von seinen Ursprüngen noch von seinen Zielen her fassen. »Was« aber ist er dann, wie soll man ihn greifen? Zum Glück gibt er im Film selbst ein paar weiterführende Hinweise in dieser Sache, wie wir eben schon bezüglich seiner Selbstbeschreibung als Autos jagender Hund gesehen haben. Als überaus hilfreich erweist sich in diesem Zusammenhang eine Aussage des Jokers, die er ebenfalls im Rahmen seines o.g. Gesprächs mit Harvey Dent tätigt. In diesem erklärt der Clown-Gangster: »Nimm einen kleinen Schuss Anarchie. Bring die althergebrachte Ordnung aus dem Gleichgewicht und was entsteht? Chaos. Ich bin der Agent des Chaos. Und weißt du, was mit dem Chaos ist? Es ist fair!«[54]

Diese »Selbstbestimmung« des Jokers als »Agent des Chaos« ist hier insofern von Bedeutung, als sie den Rückschluss erlaubt, dass das Böse, für das er als dessen Agent steht, vielleicht am ehesten *als Chaos* zu fassen ist.[55] Eine solche Bestimmung des Jokers und des mit ihm verbundenen Bösen im Sinne des Chaos liegt dabei an dieser Stelle auch deswegen nahe, weil das Chaos ein Charakteristikum aufweist, das wir auch in Bezug auf den Joker schon erkennen konnten: Wie sein Agent ist nämlich auch das Chaos von seinem Begriff her grundlos und als solches – wie eben auch der Joker – der Ordnung der Kausalität enthoben.

Ein solches Verständnis des Chaos lässt sich beispielsweise im Kontext der klassisch griechischen Dichtung beobachten, wenn etwa der Dichter Hesiod das Chaos in seiner *Theogonie* an den Anfang allen Werdens, und zwar sogar der Götterwelt, stellt.[56] Das Chaos bildet

---

[54] Ebd., TC 01:49:57–01:50:20: »Introduce a little anarchy. Upset the established order, and everything becomes chaos. I'm an agent of chaos. Oh, and you know the thing about chaos? It's fair!«.
[55] Die deutsche Synchronfassung lässt das »agent of« übrigens weg. Hier erklärt der Joker, er sei das Chaos, was – wie sogleich deutlich wird – die Sache, konzeptionell gesehen, verzerrt.
[56] Vgl. Hesiod: Theogonie 116. Übers. und hg. v. O. Schönberger. Stuttgart 1999.

dabei, mit Hesiod gedacht, deswegen den Anfang von allem, weil es selbst nicht auf eine weitere Ursache zurückzuführen ist und mithin den Ausgangspunkt aller weiteren Kausalketten darstellen kann, die sich ohne den Ansatzpunkt eines solchen ersten Anfangs als undenkbar erweisen würden. Im Sinne eines solchen ersten Anfanges ist das Chaos selbst logischerweise *nicht* kausal in Bezug auf eine weitere Ursache einzuordnen, da es ansonsten seinen Status als Ausgangspunkt aller Kausalität verlieren würde. Verallgemeinert man diesen Punkt der Akausalität des Chaos über diesen kosmischen Ursachengedanken hinaus auf alle Formen der Kausalität, so lässt sich festhalten, dass das Chaos sich als solches jeglichem Versuch einer Bestimmung entzieht. Dies betrifft dabei eben nicht nur die Frage nach einer hervorbringenden Ursache (*causa efficiens*), sondern auch alle anderen Arten von Ursachen, die z.B. nach dem Ziel oder der wesenhaften Bestimmung des Chaos fragen lassen. Oder, um es einfacher zu sagen: Könnte man das Chaos in irgendeiner Weise einordnen oder bestimmen, wäre es nicht mehr das Chaos – bzw. chaotisch –, weil es durch seine Bestimmung *in eine Ordnung aufgenommen* wäre. Dies betrifft auch mögliche Versuche einer negativen Bestimmungen desselben, was sogleich noch eine wichtige Rolle spielen wird.

Zu dem derart eingeschätzten Chaos bilden der Joker und das mit ihm verbundene Böse dabei eine interessante Strukturanalogie, weil auch der Joker – wie erläutert – selbst als eine grundlose Figur auftritt, die ohne Ursprung und Ziel erscheint und die in extremer Anarchie und Chaos agiert. Eben diese Einschätzung teilt auch Christopher Nolan, wenn er mit Blick auf die Figur des Jokers in seinem Film in einem Interview erklärt:

> »Our Joker—Heath's interpretation of The Joker—has always been the absolute extreme of anarchy and chaos, effectively. He's pure evil through pure anarchy. And what makes him terrifying is to not humanize him in narrative terms. Heath found all kinds of fantastic ways to humanize him in terms of simply being real and being a real person, but in narrative terms we didn't want to humanize him, we didn't want to show his origins, show what made him do the things he's doing because then he becomes less threatening.«[57]

Auf der Grundlage dieser Einschätzung des durch den Joker repräsentierten Bösen als Chaos soll nun in einem kurzen abschließenden Abschnitt

---

[57] The Making of Heath Ledger's Joker by Dan Jolln, auf: Empire. https://www.empireonline.com/movies/features/heath-ledger-joker/ (abgerufen am 21.05.2021).

auf einen Vergleich zwischen den augustinischen und islamisch-theologischen Konzeption des Bösen auf der einen und dem Nolan'schen Verständnis des Bösen auf der anderen Seite eingegangen werden und dabei auch auf die speziellen Herausforderungen dieses Nolan'schen Bösen für das Denken der Religion thematisiert werden.

4. Ein Vergleich zwischen den Konzeptionen des Bösen – Herausforderungen und Chancen für das Denken der Religion

Setzt man die augustinischen Überlegungen zum Bösen als eines Mangels in ein Verhältnis zu dem, was das Böse in Nolans *Dark Knight* ausmacht, so scheinen sich zunächst einige Parallelen aufzudrängen und beide Konzeption durchaus kompatibel zu sein. In diesem Sinne könnte man auf die Idee kommen, den mit dem Joker verbundenen Begriff des Bösen als Chaos vor dem Hintergrund des augustinischen Denkens als eine Form des Mangels einzuschätzen. So gesehen wäre das Böse in seiner Eigenschaft als Chaos ein Mangel an Ordnung und in dieser Weise auch erklärbar. Wenngleich ein solcher Erklärungsversuch einen ganz eigenen Reiz zu haben scheint, ergeben sich aus einem solchen Ansatz doch einige Probleme, da er schlussendlich doch nicht ganz aufgeht. Denn, wie eben ausgeführt worden ist, zeichnet es das Chaos doch gerade aus, dass es als solches nicht in irgendeiner Form eingeordnet werden kann, sodass es sich auch *jeglicher begrifflicher Einordnung entzieht*. Dies betrifft dabei konsequenterweise auch die Einschätzung des Chaos als Mangel – z.B. als eines Mangels an Ordnung – da eine solche Bestimmung das Chaos in Relation zur Ordnung bestimmen würde und ihm so das Chaotische nehmen würde.[58]

Dass sich das Chaos jeglicher Bestimmung entziehe, scheinen auch die Macher*innen von *The Dark Knight* offensichtlich hervorheben zu wollen, zumindest gibt es einige Stellen im Film, die interessanterweise genau diesen Aspekt des begrifflichen Sich-Entziehens des Chaos sehr deutlich thematisieren. Anstatt nämlich beispielsweise einfach zu behaupten, dass man den Joker als Agenten des Chaos nicht mit

---

[58] Natürlich betrifft die These der Unbestimmbarkeit des Chaos im Sinne der Selbstanwendung aber auch eben diese These der Unbestimmbarkeit, da diese trotz ihres Negationscharakters einen Versuch darstellt, das Chaos zu bestimmen, und zwar als unbestimmbar.

Blick auf seine Ursprünge bestimmen könne, werden, wie erläutert, mehrere einander ausschließende Geschichten zur Erklärung seiner Narben bzw. seiner Herkunft erzählt, die den Betrachtenden ratlos und verwirrt zurücklassen. Durch die Anführung mehrerer, wechselseitig ausschließender Erklärungen wird beim Zusehenden quasi ein geistiger Prozess initiiert, der unser einordnendes, diskursives Denken an eine Grenze führt und uns auskunftslos bezüglich der Ursprünge des Bösen bleiben lässt.

Gleiches gilt für die Darstellung des Äußeren des Jokers, dessen Aussehen zwei einander ausschließende Aspekte miteinander verbindet – den für gewöhnlich als witzig und lustig konnotierten Clown, was durch die Schminke des Jokers angedeutet wird, und das Irre und Grausame dieser Figur, was z.B. durch seine Narben oder durch seine wirren Blicke veranschaulicht wird. Hier werden zwei Aspekte kombiniert – das Lustige, Witzige einerseits, das Irre, Grausame andererseits –, die unser normalerweise auf eindeutige Zuordnungen abzielendes diskursives Denken ebenfalls an seine Grenze führen.

Ein letztes Beispiel, das in diesem Kontext angeführt sei, ist bereits in Bezug auf die den Film eröffnende Bankraubszene angesprochen worden, nämlich die Maske des Jokers, die sich hinter seiner Maske verbirgt. Auch in diesem Fall wird unser Denken in seinen Erwartungen enttäuscht, da das Lüften der wahren Identität des Jokers durch das Lüften seiner Clownsmaske unterbleibt, was zudem auch filmisch sehr schön auf die Nicht-Einordnebarkeit des Jokers und des mit ihn verbundenen Chaos hinweist. Was diese Beispiele überdies zu veranschaulichen vermögen, ist, wie in *The Dark Knight* das Spezifisch-Filmische in der Darstellung und Thematisierung des Bösen zum Tragen kommt, da hier mit Hilfe der visuellen Darstellung auf Aspekte hingewiesen wird, wie es allein in Form einer sich Worte bedienender Beschreibung unmöglich wäre.

Bemerkungen zum Schluss

Zu Beginn dieses Textes war darauf hingewiesen worden, dass sich aus der Darstellung des Bösen in Christopher Nolans *The Dark Knight* eine Herausforderung, aber möglicherweise auch eine Chance für das Denken der Religion ergibt. Dass und inwiefern das Böse, verstanden als Chaos, eine Herausforderung für diese Form des Denkens bedeutet, sollte hinlänglich klar geworden sein; stellt doch die konzeptionelle

Nicht-Bestimmbarkeit des Chaos die hier vorgestellten Spielarten monotheistisch-religiösen Denkens klassisch-christlicher bzw. islamischer Theologie vor die Schwierigkeit, das so aufgefasste Böse in den durch das Erste Prinzip konstituierten Kosmos begrifflich einzuordnen. Eine solche Einordnung z.B. im Sinne eines *Mangels (privatio)* oder einer *Prüfung* bzw. *Bewährungsprobe* ist dabei aus den genannten Gründen schwierig, da derartige Einordnungsversuche stets auf der Behauptung einer *Relation* zwischen dem sogenannten »Bösen« und dem in den von uns betrachteten Beispielen als ursächliches erstes Prinzip konzipierten Gott und seiner Wirkungen bzw. seines den Kosmos strukturierenden Willens basieren. Indem sich das durch den Joker repräsentierte Böse in seiner Eigenschaft als *Chaos* jeglichem Bestimmungsversuch – und zwar auch einem negativen etwa als »Mangel an Ordnung« – entzieht, gelangen die hier vorgestellten Konzeptionen zur Einordnung in die dargestellten monotheistisch-religiösen Denksysteme an ihre Grenzen.[59] Aus dem Umstand, dass sich hier eine gravierende Herausforderung für die diskutierten Aspekte monotheistischen Denkens gezeigt hat, ergibt sich natürlich nicht, dass es nicht auch theologische Antworten geben mag, die im Kontext anderer Arten und Weisen, theologisch – und auch philosophisch – nachzudenken, valide Theorieversuche hervorbringen. Gerade wenn bestimmte logische und metaphysische Grundannahmen wie z.B. das sogenannte »Kontradiktionsprinzip« oder auch die Idee Gottes als des Ersten, allmächtigen, allgütigen etc. Prinzips im o.g. Sinne wegfallen, lassen sich weitere theologische Konzeptionen zum Bösen erarbeiten, was im Lauf der Geistesgeschichte vielfach unternommen worden ist und noch immer unternommen wird. Vor allem Konzeptionen etwa aus den bereits angesprochenen islamisch-mystischen Traditionen – insbesondere Rumis – oder auch aus den Bereichen der neueren abendländischen Philosophie – hier wäre vor allem an Hannah Arendts Überlegungen zum sogenannten »radikal Bösen« zu denken – könnten als Grundlagen für entsprechende Theoriebildungen dienen, die auch die durch den Joker repräsentierte Form des Bösen produktiv rezipieren könnten.

---

[59] Auf die Grenzen einer solchen denkerischen »verstandesmäßigen« Einordbarkeit des Bösen im Kontext philosophischer Erklärungsmodelle weist auch bereits Bernhard Uhde -wenn auch mit einem anders gelagerten Fokus – hin. S. dazu Uhde, B.: Die Frage nach Gott und die Erfahrung des Leidens, in: Funkkolleg Religion/Kollegstunde 4. Weinheim 1983, S. 46–84, besonders S. 62–64. Im Folgenden zitiert als Uhde: Die Frage nach Gott und die Erfahrung des Leidens.

Wie ganz zu Beginn bereits angedeutet, liegen in den skizzierten Beschränkungen eines theologischen Begreifens des Bösen – ganz unabhängig von den weiteren Möglichkeiten intellektuell-theoretischer Auseinandersetzungen mit diesem – aber vielleicht auch Chancen für das Denken der Religion. Eine solche Chance könnte z.B. in der Einsicht bestehen, dass der Gegenstandsbereich dieser Form des Denkens in Bezug auf das Böse möglicherweise einzuschränken ist; weist doch das Scheitern der diskutierten rational-logischen Einordnungen desselben darauf hin, dass die Auseinandersetzung mit dem Bösen nicht so sehr auf dem Feld *rational-theologischer Spekulationen* zu führen ist, sondern auf dem Feld des *Handelns*, der religiösen *Praxis*. Gerade weil wir das Böse in seiner Eigenschaft als Chaos nicht einfach intellektuell einzuordnen und einzuhegen vermögen, sind wir – auch und vor allem religiös gedacht – dazu aufgerufen, ihm, so gut wir können, *handelnd* etwas entgegenzusetzen, ihm in unserer Praxis schöpferisch und kreativ zu begegnen.[60] Auch mit Blick auf diese Frage nach dem Umgang mit dem chaotischen Bösen erweist sich Nolans Film dabei übrigens als höchst instruktiv. Gegen Ende des Films werden wir Zeuge des Endkampfes zwischen Batman und dem Joker und im Rahmen dieses Kampfes stellt der Joker auch Batman seine berüchtigte Frage, ob er wisse, woher seine Narben stammen.[61] Batmans Antwort darauf fällt sehr interessant und lehrreich aus: Nein, er weiß es nicht, aber er weiß, woher der Joker *diese* Narben hat, die er, Batman, ihm nun selbstzufügt. Dabei versetzt er dem Joker einen Schlag ins Gesicht und befördert ihn so über eine Brüstung in die Tiefe, ohne ihn allerdings sterben zu lassen, da er auch hier seinem Grundsatz folgt, nicht zu töten. Was an dieser Szene beeindrucken kann, ist, dass Batman hier aus der Logik des Chaos ausbricht, indem er sich gerade nicht auf das Grauen einlässt, das dem Denken aus dieser alles zersetzenden Logik erwächst. Vielmehr geht er *handelnd* gegen diese Form des chaotischen Bösen vor, ohne dabei allerdings auf dessen Vernichtung aus zu sein. In dieser Weise zeigt der »dunkle Ritter« einen Weg auf, der im Dunkel des Chaos einen Weg aus diesem Dunkel weist, einen Weg, der an der Grenze des Denkens zum Handeln führt und der so auch das Dunkel im Hellen zum Strahlen zu bringen vermag.

---

[60] Vgl. zu dieser Form eines ›praktischen Umgangs‹ mit dem Bösen Uhde: Die Frage nach Gott und die Erfahrung des Leidens, S. 83f.
[61] The Dark Knight. Christopher Nolan. US 2008. TC 02:12:45–02:13:10.

Konrad Paul Liessmann
Böser Eros? – Zur Ästhetik der Verführung

Gegen Ende der 4. Folge der 4. Staffel der US-amerikanischen Serie *Homeland* versucht die in Islamabad stationierte CIA-Agentin Carrie Mathison (Claire Danes) einen pakistanischen Medizinstudenten, Rahim (Akshay Kumar), zu verführen. Sie will den jungen Mann in eine emotionale Abhängigkeit bringen, um über ihn Kontakt zu seinem Onkel Haissam Haqqani (Numan Acar), einem gesuchten Terroristen, zu erhalten. Rahim hat durch einen von Carrie angeordneten Drohnenangriff, der Haqqani galt, seine ganze Familie verloren, aber der Terrorist war dem Angriff entkommen. Carrie steht nun vor der Aufgabe, in kurzer Zeit eine Vertrauensstellung zu dem Studenten zu erringen und dafür bietet sie alle Raffinessen einer erotischen Verführung auf. Sie gibt sich als Journalistin aus, verspricht, ihm zur Flucht aus Pakistan und zu einem Studienplatz in England zu verhelfen, und nähert sich ihm eindeutig in körperlich-sexueller Weise. Sie geizt nicht mit ihren Reizen, nutzt die Schüchternheit und offensichtliche Unerfahrenheit des jungen Muslims aus, bringt ihn in Verlegenheit und gibt sich doch wieder zurückhaltend. Alles, was sie dabei sagt und tut, jede Geste, jeder Satz ist gelogen. Entscheidend ist, dass sie sich die Naivität und den religiösen Hintergrund des jungen Mannes zunutze macht. Verfällt er ihr, ist er ihr ausgeliefert.[1]

Um welche Art von Verführung handelt es sich hier? Einige Aspekte decken sich mit den nahezu zum Klischee gewordenen tradierten Vorstellungen von Verführung. Eine ältere, reife, erfahrene Frau versucht einen jungen Mann zu verführen, da dieser offenbar durch seine Erziehung, seine Moralvorstellungen, sein soziales Milieu, dem er entstammt, und seine mangelnde Erfahrung von sich aus nicht aktiv werden kann oder will. Dass in dieser Szene die tradierten Rollenzuschreibungen zwischen Mann und Frau vertauscht werden, ändert nichts an der Logik dieser

---

[1] Homeland. Howard Gordon und Alex Gansa. USA 2011–2020. 4. Staffel, Folge 4. TC: ab 43:40.

Aktion. Eine Verführung liegt genau dann vor, wenn eine Person zu einer Handlung gebracht werden soll, die ihrer Willensäußerung widerspricht. Im erotischen Kontext dient die Verführung der Lust, die sich ein Objekt sucht und gefügig machen will. In unserem Fall ist allerdings noch zu bedenken, dass diese Verführung nicht aus dem Begehren der Protagonistin erwächst, sondern einem vermeintlichen höherem Zweck, der nationalen Sicherheit, untergeordnet wird. Das Objekt, in diesem Fall der junge Pakistani, wird in einem doppelten Sinn instrumentalisiert: Von der Frau für eine erotische Begegnung, von der Agentin für eine geheimdienstliche Operation. Die Gefühlslage von Carrie ist dabei vertrackt. Es könnte sein, dass sie Rahim tatsächlich begehrt, und ihr eigenes Begehren verrät, indem sie es den politischen Zielen unterwirft. Es könnte aber auch sein, dass sie aus einer überlegenen Position mit den Gefühlen von Rahim spielt, weil dies in dieser Situation die einzig erfolgversprechende Strategie im Kampf gegen den Terrorismus erscheint. Sie machte dann sich selbst, ihren Körper, ihre erotische Ausstrahlung, ihre Liebesfähigkeit zu einem Instrument, einer Waffe, um etwas zu erreichen, das mit Lust und Begehren nichts mehr zu tun hätte. Ein rätselhafter Blick in den Spiegel, der dem Akt der Verführung vorausgeht, könnte auch als ein Anflug von Skrupel gedeutet werden; aber eben nur ein Anflug.

Die Verführung gelingt, Rahim leistet keinen Widerstand, verliebt sich in Carrie und bezahlt diese Liebe mit seinem Leben. Ist Carrie böse? Oder macht die Tatsache, dass sie als Verführerin agierte, um ihrer guten Sache zu dienen, diesen Akt weniger böse? Heiligt nicht der politische Zweck jedes Mittel? Ist es schlimmer oder weniger schlimm, jemanden nur um der eigenen Lust willen zu verführen? Ist eine Verführung, an der alles falsch sein muss und die keine echten Gefühle kennt, überhaupt zu rechtfertigen? Carrie kennt, geht es um ihre Mission, keine Grenzen, sogar einer ihrer Mitarbeiter wirft ihr das vor. Ist nicht jede Verführung eine Grenzüberschreitung, die die Integrität einer Person verletzt und damit ethisch fragwürdig und ein Akt des Bösen?

Um diese Frage zu beantworten, entfernen wir uns einmal weit von der CIA und der Gegenwart und orientieren uns an dem bedeutendsten Theoretiker der Verführung, an dem Philosophen und Theologen Sören Kierkegaard. Kurz einige Stichworte zu diesem bemerkenswerten Denker. Geboren wurde Sören Aabye Kierkegaard am 5. Mai 1813 in Kopenhagen. Sein Vater Michael Pedersen Kierkegaard stammte von einem ärmlichen Hof in Westjütland und hatte in Kopenhagen eine erfolgreiche Laufbahn als Kaufmann hinter sich gebracht. Sören war das jüngste Kind, fünf Geschwister starben vor ihm. Während Kierkegaard seine Mutter kaum je erwähnt, übten Charakter, Erziehungsstil und das Leben seines Vaters einen entscheidenden Einfluss auf ihn aus. Michael Pedersen galt als schwermütiger Pietist, der seinen Kindern eine überaus strenge christliche Erziehung angedeihen ließ.

Als Schriftsteller debütierte Sören Kierkegaard, sieht man von seiner Dissertation und anderen Jugendschriften ab, mit dem Buch *Entweder – Oder*, das im Februar des Jahres 1843 unter einem Pseudonym erschien und sofort heftige Reaktionen provozierte. Dieses Werk, eine geniale Mischung aus Poesie, Philosophie, Ästhetik, Erotik und Ethik, über weite Strecken ironisch, ja satirisch gehalten, aber immer wieder versetzt mit grundlegenden Reflexionen, stellt wohl eines der seltsamsten und dennoch wichtigsten Bücher der philosophischen Weltliteratur dar. Wie bei kaum einem anderen Werk hat Kierkegaard in *Entweder – Oder* die Frage der Verfasserschaft mehrfach verschlüsselt und aufgespalten. Als Herausgeber fungiert ein gewisser Victor Eremita, der durch einen Zufall in den Besitz einiger voluminöser Manuskripte gekommen sein will: die Papiere eines unbekannten, jungen Ästheten, *A* genannt, das geheimnisvolle *Tagebuch des Verführers*, als dessen Verfasser ein Johannes, mit Beinamen *der Verführer* erscheint, und die umfangreichen Briefe eines Gerichtsrats Wilhelm, auch *B* genannt, die sich offensichtlich an *A* richten. Gegenüber dem frivolen Ästhetizismus von *A* vertritt *B* die ernsthaften Prinzipien eines ethisch-sittlichen Lebens. In *Entweder – Oder* geht es um die Kontroverse zwischen einer *ästhetischen* und einer *ethischen* Lebensform.

Zumal der erste Teil von *Entweder – Oder* den Versuch darstellt, in einer Reihe von Gedankenexperimenten ein Zentralproblem der Moderne auszuloten: die Frage nach den Möglichkeiten und Grenzen einer ästhetischen Existenz. Es geht um die Anwendung von ästhetischen Prinzipien auf das Leben selbst. Die frühromantische Idee einer Poetisierung der Existenz wird von Kierkegaard in einer Reihe von teils fiktiven, teils autobiografisch gefärbten Konstellationen erprobt. Der persönliche Hintergrund dafür ist Kierkegaards eigene, unglückselige Liebesgeschichte. Kierkegaard hatte sich mit einem jungen Mädchen, Regine Olsen, verlobt, diese Verlobung nach schweren inneren Kämpfen aber bald wieder gelöst, da er glaubte, ihr gegenüber nicht wirklich ehrlich sein zu können. *Entweder – Oder* kann auch als Versuch gelesen werden, diese Lebenskrise ästhetisch zu bewältigen.

Die »ästhetische Lebensanschauung« von *A*, die für unseren Zusammenhang entscheidend ist, wird in mehreren Texten entwickelt. In ihnen wird nachgefragt, was es bedeutet, könnte man ein Leben nicht nach psychologischen, ethischen, religiösen oder politischen, sondern nach künstlerischen Gesichtspunkten führen. Die »Verführung« erscheint unter anderem als eine der Handlungsmöglichkeiten, die einem ästhetischen Ansatz weite Perspektiven eröffnet. Nicht umsonst spricht man bis heute, wenn auch zunehmend mit kritischem Unterton, von der »Kunst« der Verführung. Kierkegaard entwirft nun zwei Typen der Verführung, die nicht nur völlig unterschiedliche Zugangsweisen eröffnen, sondern auch unter moralischen Gesichtspunkten differieren. Diese Konzeption enthält zwei Logiken der Verführung, die es erlauben, dieses ambivalente Phänomen genauer zu erfassen.

Paradigmatisch für diese zwei Varianten stehen in *Entweder – Oder* der mythische Frauenheld Don Juan, so wie ihn Mozart durch die Musik seiner Oper *Don Giovanni* zeichnete, und Johannes, der Verfasser des *Tagebuchs des Verführers*. Don Juan, der unwiderstehliche Verführer, wird in seiner musikalischen Gestalt zum Inbegriff einer Lebensform, die dem Prinzip der erotischen Unmittelbarkeit und des Genusses, damit einem ästhetischen Prinzip gehorcht. A's ästhetische Lebensanschauung ist nicht unbedingt mit einem Hedonismus in eins zu setzen, dem es um die zügellose Befriedigung der Triebbedürfnisse geht, um blanke Lustmaximierung. In seiner Analyse des Don Juan zeigt A, dass gerade das Ideal eines unmittelbaren Genusses nicht im Leben, sondern nur vermittelt über die Musik möglich ist. Die Idee einer ästhetischen Existenz ist ohne das Medium der Kunst nicht denkbar. Wie jeder gute Experimentator isoliert Kierkegaard bestimmte Elemente, um sie gesondert zu betrachten. Don Juan verkörpert eine wesentliche, aber nicht die einzige Dimension des Ästhetischen: die Sinnlichkeit oder die unmittelbare sinnliche Begierde. Kierkegaard oder sein Pseudonym A fragen nun danach, wie diese Sinnlichkeit beschaffen ist, wenn man sie rein, von allen anderen Lebensfaktoren getrennt, betrachtet. Mozarts Oper *Don Giovanni* stellt gleichsam das Laboratorium dar, in dem diese Sinnlichkeit gereinigt und, durch die Wirklichkeit des Lebens nicht verschmutzt, auf die Bühne gestellt wird.

Im Kontext der Opern Mozarts erscheint die Sinnlichkeit Don Giovannis als Demonstration der dritten und eigentlichen Stufe des Begehrens: Gegenüber dem träumenden, unbestimmten, eigentlich auf kein Objekt gerichteten Begehrens des Cherubino aus der *Hochzeit des Figaro* und dem regressiven, kindlichen, rastlosen Begehren des Papageno aus der *Zauberflöte*, ist das Begehren des Don Juan »absolut gesund,

Böser Eros? – Zur Ästhetik der Verführung

sieghaft, triumphierend, unwiderstehlich und dämonisch.«[2] Don Juan, der alle Frauen betört, verkörpert die Sinnlichkeit als Prinzip, er ist ein Genie der Sinnlichkeit, er ist »die Inkarnation des Fleisches oder die Begeisterung des Fleisches aus des Fleisches eigenem Geist,«[3] und das bedeutet, dass seine »Liebe nicht seelisch (ist), sondern sinnlich, und sinnliche Liebe ist ihrem Begriffe nach nicht treu sondern absolut treulos, sie liebt nicht eine sondern alle, das heiß, sie verführt alle. Sie existiert nämlich nur im Moment, der Moment aber ist begrifflich gedacht, eine Summe von Momenten, und damit haben wir den Verführer.«[4]

Der »Moment« oder der »Augenblick«, eine für Kierkegaard in verschiedenen Kontexten zentrale Kategorie,[5] erscheint hier als entscheidende, weil die Zeit negierende Dimension einer Sinnlichkeit. Diese kann ethisch nicht belangt werden, da sie Zeit schlechthin suspendiert. Ist Sinnlichkeit ein Prinzip der Kunst, dann auch der Augenblick – modern gesprochen: die Plötzlichkeit. Damit aber ist die Voraussetzung aller moralischen Kritik – eine beurteilbare Absicht – ebenso gefallen wie die Möglichkeiten eines später sich einstellenden Schuldgefühls und der Reue. Wenn nur der Moment zählt, gibt es kein Vorher und kein Nachher, damit aber auch keine einklagbare Verantwortlichkeit. Die verführende Kraft des Don Juan und seiner Musik – also auch der Kunst – liegen im Überwältigenden des Augenblicks selbst. Dies ist das Geheimnis der Kraft von Sinnlichkeit: Sie kennt kein Davor und kein Danach, damit keine Rücksicht, aber auch keine Konsequenzen. Don Juan verspricht den Frauen, dass sie einen Moment lang so sein könnten, als gäbe es weder eine Vergangenheit noch eine Zukunft. Der Verlockung, in diesem Sinne einmal ganz bei sich sein können, kann kaum jemand widerstehen. Der Verführer, der Kraft seiner sinnlichen Präsenz verführt, ist nicht böse, er steht jenseits aller Moral.

Die Suspension von Zeitlichkeit bedeutet aber auch, dass Don Juan kein Verführer in dem Sinne sein kann, dass er seine Verführung plant und raffiniert ins Werk setzt: »Er begehrt und fährt ständig fort zu begehren und genießt beständig die Befriedigung der Begierde. Zum Verführer fehlt ihm die Zeit davor, in der er seinen Plan faßt, und die

---

[2] Kierkegaard, S.: Entweder – Oder. Deutsche Übersetzung von Heinrich Fauteck. München 1993, S. 103. Im Folgenden zitiert als: Kierkegaard: Entweder – Oder.
[3] Ebd., S. 107.
[4] Ebd., S. 114.
[5] Vgl. dazu Liessmann, K. P.: Die (Un-)Moral des Augenblicks. In: der blaue reiter. Journal für Philosophie, Nr. 31. 2011, S. 6–12.

Zeit danach, in der er sich seiner Handlung bewußt wird. Ein Verführer muss daher im Besitz einer Macht sein, die Don Juan nicht hat, so gut er im übrigen ausgerüstet sein mag – der Macht des Wortes.«[6] Don Juan überredet also nicht, er stellt keine Fallen, es ist daher auch müßig, »von Falschheit und Ränken und listigen Anläufen zu sprechen«, und es ist sogar fragwürdig, ob er im eigentlichen Sinn seine Geliebten betrügt: »Er begehrt, und diese Begierde wirkt verführend; insofern verführt er. Er genießt die Befriedigung der Begierde; sobald er sie genossen, sucht er einen neuen Gegenstand, und so fort ins Unendliche. Daher betrügt er zwar, aber doch nicht so, daß er seinen Betrug im voraus plante; es ist vielmehr die eigene Macht der Sinnlichkeit, welche die Verführten betrügt, also eher eine Art von Nemesis.«[7] Gerade die Kraft seiner unmittelbaren Sinnlichkeit, die es für einen Moment erlaubt, aus allen Bindungen und Verpflichtungen des Lebens zu springen, macht Don Juan unwiderstehlich: »Nun macht Don Juan nicht nur sein Glück bei den Mädchen, sondern er macht die Mädchen glücklich und – unglücklich, aber seltsam, gerade so wollen sie es haben, und das wäre ein schlechtes Mädchen, das nicht unglücklich werden möchte, um einmal mit Don Juan glücklich gewesen zu sein.«[8] Don Juan stürzt niemanden bewusst in sein Unglück, aber das faktische Unglück, dass er über die Frauen bringt, erweist sich als deren Glück. Die Radikalität dieser These erschließt sich allerdings nur dann, wenn man sie ernst nimmt, also tatsächlich davon ausgeht, dass es ein erotisches Glück gibt, das vom Unglück nicht zu trennen ist.

Wenn die Sinnlichkeit eine Dimension des Ästhetischen darstellt, dann der Geist, die Rationalität die andere. Das Gegenstück zu Don Juan bildet so Johannes der Verführer, der Verfasser des *Tagebuchs*. Er ist genauso eine experimentell isolierte Kunstfigur, geschaffen, um die Frage zu beantworten, wie eine Verführung, also eine Affektion der Sinne, beschaffen sein müsste, die rein über die Konstruktionen des Verstandes liefe: kalkulierte Kunst. Johannes stellt den Typ des »reflektierten Verführers« dar[9], er verkörpert eine bewusste, hochreflexive, damit tatsächlich moderne ästhetische Lebensform. Er macht die Probe auf das Exempel einer wahrhaft ästhetischen Existenz. Von seinem Leben heißt es, es sei »ein Versuch gewesen, die Aufgabe eines poetischen

---

[6] Kierkegaard: Entweder – Oder, S. 120.
[7] Ebd., S. 119f.
[8] Ebd., S. 122.
[9] Ebd., S. 18.

Böser Eros? – Zur Ästhetik der Verführung

Lebens zu realisieren«.[10] Johannes der Verführer berechnet sein Leben in der Tat nur auf Genuss – aber in einer doppelten Weise: Einmal genießt er das, »was teils die Wirklichkeit ihm gab, womit er teils selbst die Wirklichkeit geschwängert hatte«; und zum anderen genießt er, in der poetischen Reflexion, »die Situation und sich selbst in der Situation«.[11] Damit allerdings rückt dieser Verführer in eine ganz andere Nähe zum Ethischen als Don Juan. Indem er plant, dabei auf Erfahrungen zurückgreift, mögliche Konsequenzen berechnet, ist er für alle seine Handlungen und deren Folgen verantwortlich. Er steht nicht wie Don Juan *außerhalb* der Moral, sondern er muss die These stark machen, dass eine kunstvolle, ästhetisch gelungene Verführung *über* der Moral steht.

Das *Tagebuch* schildert und reflektiert die Verführung eines jungen Mädchens durch Johannes in Kopenhagen im Jahre 1834 – wie es Victor Eremita penibel ausrechnete, da das Tagebuch nur wenige Kalenderdaten ohne Jahresangaben enthält.[12] Der Ästhetiker erklärt, nicht nur Johannes, sondern auch das verführte Mädchen gekannt zu haben. Sie habe wirklich Cordelia geheißen, allerdings nicht, wie das *Tagebuch* angibt, Wahl mit Nachnamen. Von ihr hat der Ästhetiker auch jene Briefe bekommen, die Cordelia, nachdem sie von Johannes verlassen worden war, diesem geschickt, aber ungeöffnet zurückbekommen hatte.

Cordelia wurde verführt und betrogen, das heißt, sie wurde in dem Glauben gelassen, geliebt zu werden, und wurde verlassen, sie weiß nun, dass sie geliebt hatte, aber sie weiß nicht, ob sie je geliebt worden war, sie weiß nicht, dass sie womöglich nur das Objekt in einem Spiel gewesen war, tragendes Element in einer raffiniert angelegten erotischen Komposition. Ändert dieser Betrug etwas an ihrer Liebe? War ihre Liebe tatsächlich ebenfalls ein Produkt der ästhetisch angelegten Strategie eines anderen? Sind Emotionen erzeugbar? Aus dieser inneren Bewegung erklären sich Cordelias Briefe: »Du hast Dich vermessen, einen Menschen so zu betrügen, daß Du alles für mich geworden bist, so daß ich alle meine Freude darin setzen wollte, Deine Sklavin zu sein, Dein bin ich, Dein, Dein, Dein Fluch.«[13] Die Hingabe und Überantwortung, die der Verführer subtil erzwungen hat, lässt sich nicht einfach rückgängig machen. Der dreifache Fluch ist der Fluch einer Zugehörigkeit, die nicht einseitig auflösbar ist. Bis zuletzt wartet Cordelia deshalb auf ein Zeichen,

---

[10] Ebd., S. 353.
[11] Ebd., S. 354.
[12] Ebd., S. 20.
[13] Ebd., S. 362.

dass doch nicht alles vorbei sei: »Ist denn gar keine Hoffnung mehr? Sollte Deine Liebe nie wieder erwachen? Denn daß Du mich geliebt hast, das weiß ich, wenn ich auch nicht weiß, was es ist, das mich davon überzeugt.«[14] Die Trauer Cordelias kennt auch eine Frage, die ihre Reflexion motiviert: Was lässt mich wissen, dass du mich geliebt hast?

Aus der Perspektive des Verführers sieht alles anders aus. Cordelias Überzeugung, geliebt worden zu sein, entbehrt jeder Grundlage. Oder doch nicht? Liebte Johannes sein Opfer? Und wenn ja, welche Form der Liebe hätte das sein können? Diese Frage stellte sich Johannes tatsächlich auch einmal selbst: »Liebe ich Cordelia? ja! aufrichtig? ja! treu? ja! – in ästhetischem Sinne, und das hat doch wohl etwas zu bedeuten.«[15] Was ist unter diesem »ästhetischen Sinne« aber zu verstehen? Die saloppe Antwort, die Johannes sich selbst an dieser Stelle gibt, hat wohl nur begrenzte Gültigkeit: »Was hülfe es diesem Mädchen, wenn sie einem Tolpatsch von treuem Ehemann in die Hände gefallen wäre? Was wäre aus ihr geworden? Nichts.«[16]

Möglich, dass der Gedanke, Cordelia vor der Enge einer bürgerlichen Ehe zu schützen, eine Rolle gespielt hat – aber diese pädagogische Besorgnis gehorchte selbst einem veritablen ästhetischen Apriori: »[...] es gehört ein wenig mehr als Ehrlichkeit dazu, ein solches Mädchen zu lieben. Dieses Mehr besitze ich – es ist Falschheit.«[17] In diesem »Mehr«, in dieser Falschheit liegt jenes »Poetische«, das der fiktive Herausgeber A als Zentrum jenes Programms benannt hatte, das für Johannes das Ästhetische selbst zu einem Modus der Existenz werden lassen sollte. Die Lesart, dass es sich auch bei dieser Verführung vorrangig um »die Geschichte eines erotischen Bildungsprozesses« handle,[18] ist zwar nicht von der Hand zu weisen. Die Innenperspektive des Verführers, der nicht im Erotischen, sondern im Ästhetischen das Telos dieser Geschichte sieht, sollte allerdings nicht nur als eine subjektive Legitimationsstrategie gesehen werden. Wohl stimmt es, dass das *Tagebuch* ein »erotisches Wissen« auch und vor allem in Bezug auf die Differenz der Geschlechter enthält, das eine kritische Lektüre freilegen kann.[19] Dieses Wissens ist

---

[14] Ebd., S. 363.
[15] Ebd., S. 449.
[16] Ebd., S. 449.
[17] Ebd., S. 449.
[18] Wennerscheid, S.: Das Begehren nach der Wunde. Religion und Erotik im Schreiben Kierkegaards. Berlin 2008, S. 158.
[19] Ebd., S. 159.

aber sowohl erzähltechnisch als auch seiner verstörenden Idee nach an das Ästhetische gebunden.

Das Poetische, so behauptet A, sei das »Mehr« gewesen, das der Verfasser des *Tagebuchs* in der Wirklichkeit genoss, aber in der Form dichterischer Reflexion auch wieder zurücknahm, um sein Leben darin ein zweites Mal zu genießen, denn »auf Genuß war sein ganzes Leben berechnet«. In der Wirklichkeit, so mutmaßt A, »genoß er persönlich das Ästhetische«, in der Reflexion »genoß er ästhetisch seine Persönlichkeit«.[20] Die These, dass es sich beim *Tagebuch* vor allem im eine »Einübung im Genuß« handle, hat einiges für sich.[21] Zu diesem Genuss in der Reflexion gehört aber auch eine Ungewissheit über das, was sich in der Wirklichkeit tatsächlich zugetragen hat – nicht immer sind diese Sphären genau zu trennen, sodass A vielleicht mit Fug und Recht behaupten kann: »Sein Tagebuch ist darum nicht historisch genau oder einfach erzählend, nicht indikativisch, sondern konjunktivisch.«[22] Dies hat nicht nur A, sondern auch manche Leser des *Tagebuchs* dazu gebracht, Zweifel daran zu äußern, ob die Rollen zwischen dem Verführer und seinem Opfer wirklich so klar verteilt erscheinen, wie es eine flüchtige Lektüre vielleicht nahelegte. Wenn es dem Verführer möglich gewesen sein soll, »als der Verführte aufzutreten«[23] – wer garantiert, dass er dies nicht auch war? Eine »komplementäre Lektüre« des Tagebuchs ventiliert genau diese Möglichkeit: dass sich »der Verführer im Verlauf dieser Intrige als der betrogene Betrüger erweisen könnte.«[24] Das macht die Sache der Verführung und deren ethische Bewertung allerdings nicht einfacher. Hier liegt in der Tat eine Nähe zu geheimdienstlichen Operationen vor, bei denen man nicht weiß, ob der vermeintliche Informant nicht selbst ein Agent ist. Verführung und Spionage sind nicht umsonst verschwisterte Phänomene.

Die Wege und Umwege, die Botschaften und Signale, die Kniffe und Täuschungsmanöver, die Johannes einsetzte, um ein junges Mädchen zu verführen, wären also in erste Linie nicht als Strategien zur

---

[20] Kierkegaard: Entweder – Oder, S. 354.
[21] Rehm, W: Kierkegaard und der Verführer. Olms 2003. (Nachdruck der Ausgabe München 1949), S. 177.
[22] Kierkegaard: Entweder – Oder, S. 353.
[23] Ebd., S. 357.
[24] Bauer, M.: in suspenso: »Das Tagebuch des Verführers« und der postromantische Liebesdiskurs. Versuch einer Komplementärlektüre. In: Bauer, M. / Pohlmeyer, M. (Hg.): Existenz und Reflexion. Aktuelle Aspekte der Kierkegaard-Rezeption. Hamburg 2012, S. 114–153. Hier S. 124.

Erreichen eines sexuellen Genusses zu lesen, sondern als Verfahren zur Herstellung einer ästhetische Konstellation, eines Kunstwerks, das auch als solches von seinem Schöpfer genossen werden konnte. Die Charakterisierung von Johannes als eines reflektierten Verführers hat hierin ihren entscheidenden Grund. Weder reflektiert Johannes die moralische Legitimität seiner Verführung noch die möglichen lebensweltlichen Konsequenzen derselben für sein Opfer. Die Reflexion bezieht sich darauf, ob die eingesetzten Mittel in einer Weise zum Ziel führen, die ästhetischen Ansprüchen genügen können. Es ist in der Tat das »Wie«, um das das Denken des Verführers kreist und das gleichzeitig demonstriert, was es hieße, ein Leben oder einen Abschnitt des Lebens als einen poetischen Akt zu gestalten.

Es ist hier nicht der Ort, die Etappen dieser Verführung und die dabei inszenierten Verfahren und Kunstgriffe im Einzelnen nachzuzeichnen.[25] Dennoch soll nicht verschwiegen werden, dass das Raffinement, mit dem Johannes als Verführer zu Werke geht, auch in psychologischer und kommunikationstheoretischer Hinsicht bis heute so avanciert erscheint, dass das *Tagebuch* in fast keiner rezenten Handreichung zur Kunst der Verführung fehlen darf. In einem dieser Ratgeber wird zum Beispiel als ein »Gesetz« der Verführung folgender Imperativ formuliert: »Halten Sie die Spannung – Was passiert als Nächstes« und mit einem Zitat aus dem *Tagebuch* gestützt: »Dies ist auch immer das Gesetz des Interessanten [...] Wenn man nur zu überraschen weiß, dann hat man stets gewonnenes Spiel.«[26] Mit dem Hinweis auf das Gesetz des Interessanten hat der Verführungsratgeber allerdings jenes Prinzip erkannt, um das sich Johannes' Anspruch einer Verführung nach den Gesichtspunkten der Kunst insgesamt rankt. Das Gesetz des Interessanten erlaubt nicht nur den Einsatz zweckmäßiger Mittel, sondern bestimmt auch den Begriff des Ästhetischen, dem sich der Verführer verpflichtet fühlt.

Durch diese Parameter ist das Drehbuch der Verführung festgelegt. Es geht entscheidend um das Verhältnis von Kunst und Freiheit, von Sinnlichkeit und Geist, von Unschuld und Reflexion. Die Rationalität des Verführers gibt ihm eine Überlegenheit, die noch die Angst des Opfers in ein Begehren verwandeln kann. Hinter der Liebe »muß eine tiefe, angstvolle Nacht brüten«, diese Angst fesselt am meisten und

---

[25] Vgl. dazu Liessmann, K. P.: Ästhetik der Verführung. Kierkegaards Konstruktion der Erotik aus dem Geiste der Kunst. Wien 2005, S. 47ff.
[26] Greene, R.: Die 24 Gesetze der Verführung. München 2014 (Kindle eBook), Pos. 1356; vgl. Kierkegaard: Entweder – Oder, S. 426.

sie macht die Liebe interessant.[27] Der Verführer reflektiert nicht nur das Geschehen, seine Intellektualität ist eine Vorbedingung dafür, um einen Menschen so zu verführen, dass dieser den Eindruck hat, aus Angst *und* aus Freiheit zu handeln. Friedrich Schiller hatte in den sogenannten *Kallias-Briefen* einmal die Schönheit als »Freiheit in der Erscheinung« definiert.[28] Kierkegaard ist ein Kenner zumindest von Schillers dramatischen Werken gewesen,[29] und Schillers Einfluss ist an manchen Stellen spürbar. Wenn etwa der Verführer nach einer strengen Prüfung Cordelia als »anmutig« charakterisiert und hinzufügt, dass er sich dieses Mädchen nicht so »unreflektiert vertraut mit den Stürmen des Lebens« vorgestellt habe,[30] dann erinnert dies durchaus an Schillers Konzept der »schöne Seele«, wie er es in dem Aufsatz *Über Anmut und Würde* entwickelt hat.[31] Auch wenn der Verführer Schillers erst 1847 publizierte *Kallias-Briefe* nicht gelesen haben kann: Er inszeniert seine Verführung genau nach deren Modell von Schönheit. Die Verführung ist ästhetisch gelungen, wenn sie Cordelias Freiheit zur Erscheinung bringt. Eine gelungene Verführung muss alles Gewaltsame, Überredende, Drängende und Bedrängende von sich weisen. Dazu dienen all die komplizierten und langwierigen Arrangements dieser Verführung, das Spiel von Annäherung und Entfernung, die Funktionalisierung eines Dritten, die Verlobung und Entlobung, und schließlich jene raffinierte Verweigerung, die Cordelia erst zu jener Hingabe animiert, die in einer einzigen Nacht das Schicksal des Mädchens besiegelt.

Das *Tagebuch des Verführers* ließe sich auch von seinem umstrittenen Ende her lesen. Darf der Verführer überhaupt triumphieren? Nachdem Johannes sich von Cordelia zurückgezogen hat, ergreift sie selbst die Initiative. Eine Nacht in einem Landhaus wird vereinbart, nicht ohne dass der Diener – er heißt, wie sinnig, Johann – von Johannes vorher instruiert worden ist, alles so zu arrangieren, dass »nichts vergessen [ist], was irgendwelche Bedeutung für sie haben könnte«, aber auch nichts

---

[27] Kierkegaard: Entweder – Oder, S. 496.
[28] Schiller, F.: Kallias oder Über die Schönheit. Briefe an Gottfried Körner. In: Friedrich Schiller: Sämtliche Werke Bd. 5. Hg. von Gerhard Fricke und Herbert G. Göpfert. München 1993, S. 400.
[29] Vgl. dazu Nagy, A.: Schiller: Kierkegaard's Use of a Paradoxical Poet. In: Stewart, J. (Ed.): Kierkegaard and His German Contemporaries. Tome III: Literature and Aesthetics. Ashgate 2008, S. 171–184.
[30] Kierkegaard: Entweder – Oder, S. 401.
[31] Schiller, F.: Über Anmut und Würde. In: Friedrich Schiller: Sämtliche Werke Bd. 5. Hg. von Gerhard Fricke und Herbert G. Göpfert. München 1993, S. 468f.

direkt an den Verführer erinnert, der doch gleichwohl »unsichtbar überall gegenwärtig« sein will.[32] Die Illusion ist vollständig, und Cordelia verfällt dieser Illusion – oder sie durchschaut das Arrangement und akzeptiert es dennoch. Am 25. September, ein halbes Jahr nach der ersten Begegnung, kann Johannes seinem Tagebuch anvertrauen: »Warum kann eine solche Nacht nicht länger währen?« Und er setzt hinzu: »Doch nun ist es vorbei, und ich wünsche sie nie mehr zu sehen.«[33] Dass Cordelia für ihn nun im wahrsten Sinn des Wortes uninteressant geworden ist, da sie ihre Unschuld, ihres »Wesens Gehalt« nun verloren hat, damit jeder Widerstand, der für Johannes die Bedingung seiner Liebe gewesen war, unmöglich geworden ist, markiert die eine Seite dieser Trennung. Die andere besteht darin, dass die Verführung als ästhetisches Experiment den Maßstab ihres Gelingens eben an diesem letzten Akt hatte. Zwar hatte Johannes schon am Beginn seiner Annäherungen an Cordelia dekretiert: »Es ist mir gar nicht darum zu tun, das Mädchen in äußerlichem Sinne zu besitzen, sondern darum, sie künstlerisch zu genießen«,[34] aber das soll nicht dazu verführen, den sexuellen Genuss aus dieser ästhetischen Konzeption überhaupt zu verbannen. Tatsächlich vertrat Johannes immer schon die »private Meinung«, »daß jede Liebesgeschichte höchstens ein halbes Jahr dauert und daß jedes Verhältnis zu Ende ist, sobald man das letzte genossen hat«.[35] Es kann kein Zweifel herrschen, dass sein ästhetisches Experiment auch diese »Meinung« bestätigen sollte.

Sich nach solch einer gemeinsamen Nacht zu trennen, folgt also einem *ästhetischen* Prinzip. Jede Fortsetzung des Verhältnisses zu Cordelia hätte sich – in welcher Form auch immer – einem *ethischen* Prinzip überantworten müssen. In seiner Reflexion auf dieses ästhetisch notwendige Ende wird Johannes allerdings von einem Hauch des Ethischen berührt: »Wär' ich ein Gott, so wollt' ich für sie tun, was Neptun für eine Nymphe tat: sie verwandeln in einen Mann.«[36] In diesem Konjunktiv drückt sich weder eine Verachtung für die Frau aus, noch sollte dies als eine Geste des Mitleids interpretiert werden. Der Verführer spielt auf eine mythologische Szene an, die Ovid im zwölften Buch der *Metamorphosen* überliefert hat: Neptun vergewaltigt die Nymphe

---

[32] Kierkegaard: Entweder – Oder, S. 517.
[33] Ebd., S. 521.
[34] Ebd., S. 434.
[35] Ebd., S. 429.
[36] Ebd., S. 521.

Böser Eros? – Zur Ästhetik der Verführung

Cænis und verwandelt sie auf ihren eigenen Wunsch hin in den unbesiegbaren Kämpfer Cæneus: »Unbill wie die [...] macht groß mir den Wunsch, daß ich nimmer zu leiden vermag. Gib, daß ich kein Weib sei«.[37] Johannes hatte allerdings diesen Gedanken schon im Vorfeld der Verführung ventiliert und Cordelia unterstellt: »Vielleicht mag sie in einzelnen Augenblicken wünschen, daß sie kein Mädchen, sondern ein Mann wäre.«[38] Im Gegensatz zu Neptun hat Johannes Cordelia aber nicht vergewaltigt, sondern verführt. Sie in einen Mann zu verwandeln, bedeutete nicht, ihr jene Körperkräfte zu geben, die sie gegen physische Gewalt schützen, sondern ihr jenen Geist zuzuerkennen, der es ihr erlaubte, die Intrigen des reflektierten Verführers zu durchschauen und zu unterlaufen.

Johannes selbst aber bleibt auch am Ende seiner poetischen Konzeption des Lebens treu. Diese hatte er schon früh formuliert: »Sich in ein Mädchen hineinzudichten, ist eine Kunst, sich aus ihr herauszudichten, ein Meisterstück.«[39] Nun, Johannes weiß, dass er sich im Wortsinn in Cordelia hineindichten, ihr Leben mit seinen poetischen Fiktionen durchdringen konnte. Das Meisterstück aber steht noch aus: Sich aus einem Mädchen so »herauszudichten«, »daß man sie so stolz machte, daß sie sich einbildete, sie selbst sei des Verhältnisses überdrüssig«.[40] Das könnte, so der Verführer, ein »interessantes Nachspiel« ergeben, das nicht nur »an sich« »psychologisches Interesse« beanspruchen könnte, sondern auch reich wäre an so manchen »erotischen Beobachtungen«.[41] Vielleicht aber vergaß Johannes der Verführer bei der Antizipation dieses Arrangements etwas: Dass die letzte Gewissheit darüber, wer sich in Fragen des Erotischen und der Liebe etwas einbildet und wer aus freien Stücken handelt, letztlich nicht zu haben ist. Dass dem Tagebuch die klagenden und anklagenden Briefe Cordelias vorangestellt sind, dass diese Dokumente der Trauer und des Verlustes keinen Zweifel lassen sollen über die Authentizität und Intensität der Gefühle Cordelias, kann auch als eine – womöglich verzweifelte – poetische Strategie des Verführers gedeutet werden, durch die er sich selbst von einer emotionalen Eindeutigkeit überzeugen will, von der niemand besser als er wusste, dass sie in diesem Leben nicht zu bekommen sein wird.

---

[37] Publius Ovidius Naso: Metamorphosen. In deutsche Hexameter übertragen und hg. von Erich Rösch. München und Zürich 1990, S. 445.
[38] Kierkegaard: Entweder – Oder, S. 399.
[39] Ebd., S. 429.
[40] Ebd., S. 521.
[41] Ebd., S. 521.

Ist dieser Verführer böse? Es stimmt: Johannes der Verführer kennt keine Skrupel. Aber dies nicht, weil er *böse* oder gar *skrupellos* wäre – sondern weil jede Rücksichtnahme die Beachtung ethischer Gesichtspunkte erforderte; diese aber würden die *Ästhetik* des Verfahrens empfindlich stören. Johannes demonstriert aufs eindringlichste, dass sich Ethik und Ästhetik ausschließen – und zwar aus Gründen der Ästhetik selbst. Allein schon der Hinweis etwa auf einen Begriff wie der der *Würde* eines Menschen würde diesen einer Einbindung in ein ästhetisches Arrangement entziehen – oder zu einer Spielmarke in demselben machen. Das Ethische ist, unter ästhetischen Gesichtspunkten betrachtet, schlechthin defizitär: »Das Ethische ist in der Wissenschaft wie im Leben gleich langweilig. Welch ein Unterschied: unter dem Himmel der Ästhetik ist alles leicht, schön, flüchtig; wenn die Ethik dazukommt, wird alles hart, eckig, unendlich langweilig.«[42] Was Johannes der Verführer damit aber konstatiert, ist womöglich nicht seine eigene Verworfenheit, sondern die Tatsache, dass das Ästhetische, wird es einmal gewollt, das Ethische stets in dieser Form unterlaufen will. Und dass es langweilig sei, ist wahrlich nicht das schlechteste Argument gegen das Moralisieren. Auch unter diesem Gesichtspunkt bekommt die Verführung eine eigentümliche Qualität – und Cordelia hat dieses Moment des Ästhetischen in ihrer Beziehung zu Johannes durchaus mit nicht nur gemischten Gefühlen gespürt: »Ich habe von jeher Musik geliebt, er war ein unvergleichliches Instrument [...] er war ein Inbegriff aller Gefühle und Stimmungen, kein Gedanke war ihm zu hoch, keiner zu verzweifelt... schreibt sie in einem Briefchen an *A*.[43] Um in dieser Metaphorik zu bleiben: Die moralische Verwerflichkeit der Verführung relativiert sich, wenn es gelingt, durch diesen Akt in einem Menschen etwas zum Klingen zu bringen, dessen er sich vorher in dieser Intensität nicht bewusst war. Wer zu sich selbst verführt wird, zu seinem bislang uneingestandenen Begehren, ist nicht nur Objekt und Opfer, sondern Akteur auf der Bühne seines Selbst. Dass dieser Akt schmerzlich verlaufen kann, ist womöglich nicht nur der Kälte des Verführers geschuldet, sondern auch den vertrackten Ambivalenzen des eigenen Selbst. Dass in einer erotisch aufgeladenen Situation jeder Mensch immer genau weiß, was er will, ist nicht mehr als ein frommer und zudem naiver Wunsch. In jedem von uns verbirgt sich etwas vor dem eigenen Bewusstsein, souveräne Verführer rechnen genau damit.

---

[42] Ebd., S. 428.
[43] Ebd., S. 359.

Böser Eros? – Zur Ästhetik der Verführung

Kehren wir zurück zum Ausgangspunkt unserer Überlegungen. Eine genaue Analyse der Verführungssequenzen in der 4. Staffel von *Homeland* ergäbe, dass sich Carrie gekonnt all jener Strategien bedient, die eine gelungene Verführung kennzeichnen. Dabei gleicht sie dem Verführer aus dem *Tagebuch*, nur dass sie viel weniger Zeit hat als dieser. Alles an dieser Verführung ist deshalb komprimiert, aber nichts wird dem Zufall überlassen. Bis ins Detail sind die Schritte, die Worte, die Gesten, die Entblößungen, die Versprechungen geplant. Nicht nur ihre Erfahrung macht die Agentin überlegen, sondern vor allem ihr durchaus auch geheimdienstliches Wissen um die Situation und Lage Rahims. Sie kennt seine Träume und kann ihm Angebote machen, die er nicht ausschlagen kann, will er diesen Träumen treu bleiben. Dass diese Angebote nur vorgetäuscht sind, stürzt Carrie tatsächlich in ein moralisches Dilemma, dass sie auch vor sich selbst nur durch den Verweis auf den Vorrang des Politischen vor dem Persönlichen auflösen kann. Ihre Verführungskunst, so raffiniert und effizient sie im Detail ist, hinterlässt einen schalen Beigeschmack: Indem die Agentin das Erotische nicht der Lust und der Ästhetik, sondern einer militärischen Strategie unterordnet, kann auch dieser Akt der Verführung nach ähnlichen ethischen Gesichtspunkten bewertet werden wie politisch-militärische Aktionen überhaupt. Die seelischen und körperlichen Verletzungen, die Carries Opfer davontragen oder an denen sie sterben, werden zu Kollateralschäden, über deren Rechtfertigung in letzter Instanz die als Moral getarnte politische Macht entscheidet. Im Vergleich dazu sind Kierkegaards ästhetisch ausgerichtete Verführer nahezu rührend um das Wohl ihrer Opfer besorgt.

Reinhold Zwick

Der Serienkiller als Figuration des ultimativ Bösen

Überlegungen zu *The House that Jack built* von Lars von Trier

In seinem Film *The House that Jack built*[1] lässt Lars von Trier seinen Protagonisten, den Serienkiller »Jack«, einmal über sich selbst und seine ›Zunft‹ der Massenmörder sagen: »Wir gelten als das ultimative Böse« (01:44:06). Gerade die maximale Transgression, die an und über Grenzen getriebene Normverletzung des Serienmörders, verbunden mit der Serialität seiner Taten, die durch keine situativen Momente (Affekthandlungen, psychische Ausnahmezustände etc.) eingehegt sind, intensiviert die von ihm ausgehende dunkle Faszination des Bösen in maximaler Weise. Darin gründet auch der Erfolg von »Serienkiller«-Figuren, die auf den verschiedenen Streaming-Plattformen ihr Unwesen treiben.[2] In die forcierte Spannungsdramaturgie dieser Serien, die dem Bedürfnis ihrer Zuschauer nach Thrill und Grenzgängen auf dem schmalen Grat zwischen Anziehung und Abstoßung zuarbeiten wollen, ist oftmals auch ein Diskurs über das Böse an sich eingewoben, der nicht selten in mythologische, theologische und philosophische Dimensionen ausgreift. Ein eindrucksvolles Beispiel hierfür ist die inzwischen eingestellte Serie *Hannibal* (Bryan Fuller. US 2013–15), deren mörderischer Protagonist, der hochintelligente, kultivierte Psychiater Dr. Hannibal Lector, zur Rechtfertigung seiner grausamen Taten unter anderem dezidiert Fried-

---

[1] *The House that Jack built* (DK/DE/FR/SE 2018, 153 Min/Director's Cut). – Die im Haupttext angegebenen Timecode-Angaben zu diesem Film beziehen sich auf die DVD-Edition von »Concorde Home Entertainment« (Grünwald 2019) – *Hinweis:* Die deutsche DVD-Edition hat nur eine Spiellänge von 147 Min., ist also gekürzt. Gleichwohl wird hier diese Fassung verwendet, da sie im deutschen Sprachraum die mit Abstand verbreitetste ist.

[2] Vgl. beispielsweise die Serien (alphabetisch geordnet): *American Crime Story*; *Bates Motel*; *Dexter*; *Die Einkreisung (The Alienist)*; *The Fall*; *Hannibal*; *Marcella*; *The Mentalist*; *Mindhunter*; *You – Du wirst mich lieben*.

rich Wilhelm Nietzsches »Übermenschen« bemüht und in der Spur von Georges Batailles Idee von der »Souveränität des Bösen«[3] agiert, und damit zugleich explizit das christliche Konzept eines guten, allmächtigen Gottes ad absurdum führen will.

In ihrer genretypischen Verflechtung zahlreicher Handlungsstränge und ihrer oft mäandernden, immer wieder digressiven Narration erschweren die Serienformate einen analytischen Zugriff auf sie nicht unerheblich. Demgegenüber sind für sich stehende Spielfilme, so vielschichtig sie in sich auch sein mögen, entschieden besser handhabbar. Und zumindest den künstlerisch überzeugenden und bedenkenswerten unter ihnen gelingt es, ihre Erzählungen und die diesen eingezeichnete (Meta-)Reflexionen ohne jede Komplexitätsreduktion zu verdichten und so ihren je eigenen Zugang zur Frage des Bösen anzuschärfen.[4] Zu den Klassikern unter diesen Filmen zählt etwa der überaus bedrängende Streifen *Henry – Portrait of a Serial Killer* (US 1986) von John McNaughton, der die Zuschauer ganz dicht an seinen psychopathischen, auch an sich selbst leidenden Serientäter heranführt, ja in sein Inneres blicken lässt.[5] Oder: Oliver Stones umstrittener *Natural Born Killers* (US 1994), der als Mediensatire gedacht war, viele aber stattdessen als eine rauschhafte Feier einer (vermeintlichen) Selbstverwirklichung im Akt des Tötens faszinierte, wo nicht zur Nachahmung inspirierte.[6] Wieder anders hat Michael Haneke in seinem alles andere als lustigen, streckenweise kaum auszuhaltenden Film *Funny Games* (AT 1997) versucht, seinen Zuschauern ihren Gewaltvoyeurismus auszutreiben, indem er sie zu Komplizen seiner zynischen, menschenverachtenden Serientäter aus

---

[3] Vgl. Bergfleth, G.: Die Souveränität des Bösen. Zu Batailles Umwertung der Moral, in: Bataille, G.: Die Literatur und das Böse. München 1987. S. 189–236.

[4] Für eine einführende Systematisierung der Darstellungen des Bösen im Spielfilm: Zwick, R.: The Problem of Evil in Contemporary Film, in: New Image of Religious Film. Ed. by J. R. May. Kansas City 1997, S. 72–91; erweiterte deutsche Fassung: Abgründe und Hoffnungsspuren. Facetten des Bösen im zeitgenössischen Film, in: Communicatio Socialis. 27 (1994) 1, S. 13–45.

[5] Vgl. Zwick, R.: Das Böse zeigen. Überlegungen zu John McNaughtons *Henry – Portrait of a Serial Killer*, in: Das Böse erzählen. Perspektiven aus Philosophie, Film und Literatur (Philosophie aktuell – Studien und Diskurse, Bd. 15). Hg. v. E. Brock/A. Honnacker. Münster 2017, S. 255–281.

[6] Dazu näher: Zwick, R.: Malefacio ergo sum. Zu Oliver Stones Film *Natural Born Killers*, in: Orientierung 59 (1995) S. 40–43.54 – 57; auch online verfügbar unter: http://www.orientierung.ch/pdf/1995/JG%2059_HEFT%2004_DATUM%2019950228. PDF; und:
http://www.orientierung.ch/pdf/1995/JG%2059_HEFT%2005_DATUM%2019950315.P DFccc. Sämtliche Online-Quellen wurden zuletzt abgerufen am 22.10.2020.

gutem Hause machen wollte. Demgegenüber hielt Fatih Akin in *Der Goldene Handschuh* (DE 2018), einer Filmbearbeitung des gleichnamigen, auf wahren Begebenheiten beruhenden Romans von Heinz Strunk (2016), den Triebtäter Fritz Honka auf Distanz und sucht seine Taten primär aus milieutheoretischer Perspektive auszuloten.

Einordnung in Lars von Triers Œuvre

Im selben Jahr wie Fatih Akin legte auch der dänische Regisseur Lars von Trier ›seinen‹, wieder ganz anders gelagerten Serienmörderfilm vor: *The House that Jack built*. Von Trier hatte sich zuvor bereits wiederholt und in immer kürzeren Abständen mit den unterschiedlichsten Grenzbereichen der conditio humana und diversen, aber immer gewaltaffinen Pathologien befasst[7]: In *Breaking the Waves* (DK 1996) mit Martyrium und Selbstaufopferung, in *Dogville* (DK/FR 2003) mit Erniedrigung, Versklavung und Rache, in *Antichrist* (DK/DE 2009) mit der Eskalation von Gewalt in einer Paarbeziehung, und in *Nymphomaniac* (DK/DE 2013), dem letzten Film vor *The House that Jack built* mit sexuellen Obsession. Angefangen mit *Antichrist* verstörte von Triers ›Spätwerk‹ die Kinogänger zusehends und löste teilweise heftige Kontroversen aus, in denen die ablehnenden bis empörten Stimmen immer deutlicher dominierten. Zum vorläufigen Kulminationspunkt dieser Gegnerschaft wurde dann der Serienkillerfilm. Der Film ist imprägniert mit einer extrem »starken Gewalt«, d.h. mit einer Gewalt, die nicht für voyeuristische Bedürfnisse gebändigt ist,[8] ja er ist sogar passagenweise derart unerträglich, dass man die Augen abwendet oder dies zumindest will. So glichen denn auch viele Rezensionen eher Warnungen vor diesem Film, und man kann es ihnen nicht verübeln, im Gegenteil.[9] Die folgenden Ausführungen

---

[7] Für eine Analyse der Filme Lars von Triers von seinen Anfängen bis ins Jahr 2009 vgl.: Martig, C.: Kino der Irritation. Lars von Triers theologische und ästhetische Herausforderung (Film und Theologie, Bd. 10). Marburg 2008.

[8] Zur Unterscheidung von »schwacher« und »starker« Gewalt vgl. Zwick: Das Böse zeigen, S. 266–274.

[9] Sehr deutlich ist der Kurztext unter »filmdienst.de«, der die Stellungnahme der »Katholischen Filmkommission für Deutschland« abbildet: Der Film schildere ein »mörderisches Treiben, das auf der Bildebene über Schmerzgrenzen hinaus als ein bis zur Unerträglichkeit offensives Geschehen in Szene gesetzt wird.« Der Film reize »die Grenzen des Zumutbaren aus, bleibt aber trotz des hohen inszenatorischen Niveaus die Begründung schuldig, warum eine solche Brutalität in Szene gesetzt werden muss.«

sind deshalb keine Empfehlung, sich diesen Film selbst anzusehen oder, wie manche sagen würden, ›anzutun‹. Aber über die verständliche Empörung über einzelne Gewaltszenen oder gar die gesamte, gerne als »zynisch« qualifizierte Anlage von *The House that Jack built* darf nicht übersehen werden, dass dieser Film gleichzeitig eine Vieldimensionalität und Tiefenschärfe hinsichtlich der Erkundung des Bösen entwickelt, wie man sie selten findet. Und er verbindet dies mit einem großen Reichtum an filmischen Ausdrucksmitteln. – In manchen Zügen gleicht die aktuelle Debatte um *The House that Jack built* derjenigen um Pier Paolo Pasolinis letzten Film *Salò – Die 120 Tage von Sodom* (IT/FR 1975), dem immer noch das Etikett ›unerträglichster Film aller Zeiten‹ anhaftet. (Bei meiner ersten Kinobegegnung mit ihm im Jahr 1975 war am Ende der Vorstellung bestenfalls noch ein Drittel der Zuschauer im Saal.) Dabei ist Pasolinis *Salò* alles andere als gewaltpornographisch, sondern gerade deshalb so schmerzhaft, weil er konsequent auf der Seite der Opfer steht und mit ihnen leiden lässt. Und dass – wie in der Vorlage des Marquis de Sade – zuvorderst junge Frauen gepeinigt und getötet werden, ist nicht frauenfeindlich, wie man Pasolini vorgeworfen hatte, sondern ein Aufschrei gegen Männergewalt. Nicht zufällig spielt wie bei von Trier auch schon bei Pasolini der Faschismus eine zentrale Rolle in der Erkundung der Ursachen des Bösen. Ähnlich wie *Salò* ist auch von Triers Film alles andere als ein voyeuristischer, auf die sog. ›niederen Instinkte‹ zielender Nervenkitzel. Fraglos ist er ein ›böser‹ Film über das Böse, aber einer der ein vielgliedriges Koordinatensystem zur Vermessung des Bösen aufspannt. Die wichtigsten Achsen in diesem sind die (Individual- und Sozial-)Psychologie, die Ideologie- und die Kulturgeschichte und nicht zuletzt die Theologie.[10]

Struktur und Ästhetik

The House that Jack built ist durch Zwischentitel klar in sechs unterschiedlich lange Segmente gegliedert: in fünf »incidents« (»Ereignisse«),

---

(https://www.filmdienst.de/film/details/562215/the-house-that-jack-built). – Dieser Verurteilung der übersteigerten und auch dramaturgisch absolut nicht notwendigen Gewaltdarstellung kann ich zustimmen.

[10] Um die nachfolgenden Überlegungen zu *The House that Jack built* im Umfang überschaubar und in einer argumentativen Linie zu halten, wird weithin von einer Einbindung der breitgefächerten Filmkritiken und der Selbstzeugnisse des Regisseurs abgesehen. Sonst nähme eine Auseinandersetzung mit diesem komplexen Film auch schnell monographische Dimensionen an.

die jeweils durch eine Schrifttafel mit dem Text »1st incident« (etc.) eröffnet werden, denen dann ein mit »Epilog: Katabasis« betitelter Schluss-Abschnitt folgt. Die »incidents« thematisieren fünf Morde von Jack, die exemplarisch für seine – wie einmal im Verlauf des Films erwähnt – über sechzig Untaten in zwölf Jahren stehen.

Bei den ersten beiden »Ereignissen« werden zwei Frauen mittleren Alters zum Opfer, die erste eine Anhalterin, die wegen einer Autopanne liegengeblieben ist und von Jack mitgenommen wird. Während sie noch munter, aber auch schon etwas argwöhnisch plaudert, dass sie ja zu einem Serienmörder ins Auto gestiegen sein könnte und Jack auch ein wenig wie ein solcher aussehe, erschlägt sie dieser ganz unvermittelt mit einem Wagenheber. – Das *zweite Opfer* ist eine Frau in einem Vorstadthaus, die Jack erwürgt, nachdem er sich unter Vorspiegelung einer falschen Identität als Versicherungsvertreter Zugang verschafft hat. Beim »3rd incident« erschießt Jack eine Mutter und ihre zwei Kinder: Bei einem gemeinsamen Jagdausflug, bei dem er zuerst wie ein Familienvater agiert, beginnt er schließlich statt auf Tiere Jagd auf seine Begleiter zu machen. – Beim nächsten, dem »*4th incident*« treibt Jack ein grausames Katz-und-Maus-Spiel mit einer etwas naiven jungen Frau, die er »Simple« nennt. Sie fühlt sich zu Jack hingezogen, hat ihn mit zu sich nach Hause genommen und muss dann allmählich begreifen, dass Jack nicht gescherzt hat, als er sich als Serienmörder zu erkennen gab. Er erlaubt ihr, die Nachbarschaft mit lauten Hilferufen zu alarmieren, doch niemand reagiert auf diese Rufe – so wie es Jack vorhergesagt hatte. Auf bestialische Weise verstümmelt und tötet Jack schließlich die Frau,[11] der er zuvor als liebenswürdig und begehrenswert erschienen sein muss.

Die Mordtat beim »*5th incident*« wird nicht vollendet, da die Polizei Jack in seinem Kühllager, wo er alle seine Leichen eingefroren hatte, aufspürt und die dort vorbereitete Tat vereitelt: Jack hatte mehrere Gefangene, die er in einer Art Schraubstock fixiert hat, mit einem einzigen Hartmantelgeschoss töten wollen – erklärtermaßen nach dem Vorbild von Nazi-Schergen. Als Jack von seinem Vorhaben ablassen muss und rettungslos in der Falle sitzt, wird erstmals der Mann im Bild sichtbar, dessen Stimme im Voiceover bereits den ganzen Film über präsent war, sei es mit Kommentaren zu den Ereignissen oder in inneren Dialogen mit Jack. Der Mann, der unvermittelt im hinteren Teil des Lagers sitzt – gespielt von Bruno Ganz in seiner letzten Rolle –, stellt sich auf Jacks

---

[11] Um das ›Kopfkino‹ nicht zu belasten, verzichte ich hier auf Einzelheiten zu der unerträglichsten Szene des ganzen Films.

irritierte Nachfrage hin als »Verge« vor, so jedenfalls könne ihn der Mörder nennen. Verge weiß, dass Jack nicht der Architekt ist, als der er sich ausgibt, also keine Zugehörigkeit zu einer der klassischen ›schönen Künste‹ beanspruchen darf, sondern als Ingenieur einer technischen Disziplin angehört. Und Verge weiß auch, dass Jack, das Haus, das er neben seinen Morden hatte bauen wollen, niemals zustande gebracht hat. So schlägt ihm Verge vor, wenigstens aus seinen gefrorenen Opfern eine Art Hütte zu bauen. Als die Polizei in die Lagerhalle stürmt, betritt Verge mit Jack dieses schaurige Gebäude, das über einem Einstieg in die Kanalisation errichtet ist. Doch der gemeinsame Abstieg in diese führt noch tiefer: Er wird zur »Katabasis« (Zwischentitel), zum Abstieg in die Unterwelt, in die Hölle.

Was als eine von Verge angeführte (vermeintliche) Flucht begonnen hatte, ist der Auftakt zum (wieder durch ein Insert markierten) »Epilog«, und der Anfang vom Ende Jacks. Denn Verge führt Jack in die Hölle, aus der es für ihn kein Entrinnen gibt. Der gemeinsame Weg endet am Rand eines Kraters, in dessen unergründliche Tiefe sich ein feuriger Lavastrom ergießt und aus dem ein Dröhnen vernehmbar wird, das, wie Verge erklärt, von den zahllosen Schreien der Verdammten rührt. Über den Abgrund, in den die Lava stürzt, hatte einst eine Brücke zu einem Weg aus der Hölle geführt, aber diese ist schon lange eingestürzt. Wie Verge Jack informiert, hat er nicht den Auftrag, Jack in der untersten Hölle abzuliefern, aber Jack meint, vielleicht doch noch der Hölle entkommen zu können, indem er am senkrecht abfallenden Kraterrand entlang kletternd den Weg nach oben zu erreichen hofft. Doch diese letzte Hybris führt zum Absturz in die rotglühende tiefste Tiefe. An die Schlusseinstellung mit Jacks endgültigem Fall schneidet von Trier hart zu den auf weißem Grund abrollenden Schlusstiteln, begleitet von dem flotten Song »Hit the Road, Jack«: »Hau ab Jack, und komm niemals zurück!«.

Nachdem Jack dem geheimnisvollen Verge erstmals am Ende des fünften »Ereignisses« begegnet, dieser aber gleichzeitig den ganzen Film über schon mit kommentierenden Einlassungen und in Zwiesprachen mit Jack zu hören war, erscheint der Film wie eine große Rückblende, die dann bei der Erstbegegnung mit Verge zur ›Realzeit‹ aufschließt. Die Rückblende wird gleich eingangs des Films, dort aber noch etwas undeutlich, signalisiert: Sie setzt ein, während der Katabasis, als Jack mit Verge über seine Taten zu sprechen beginnt. Dier Auftakt ist in einer kurzen Schwarzfilm-Passage (00:00:24–40) zu hören, die wie ein (nicht durch ein Insert markierter) Mini-Prolog dem »1st incident« vorgeschaltet ist und den Film eröffnet. Die Geräusche im Hintergrund des beginnenden Dialogs lassen sich erst am Ende des Films einordnen: es sind die des Marsches durch die Kanalisation, mit dem die Katabasis beginnt.

Abbildung 1

Die hier nur in groben Konturen umrissene Handlung wird von Lars von Trier in einem Mix ganz unterschiedlicher Filmstile und -Formate umgesetzt. Der Grundplot wird im genretypischen Gestus eines crime thrillers inszeniert, in einem düsteren Realismus, der bisweilen zu einem krassen Naturalismus intensiviert wird. Gleichzeitig ist vieles aber auch etwas abgefedert durch den steten Strom der Kommentare und Dialoge von und mit Verge im Voiceover, und gelegentlich auch durch tiefschwarze Ironisierungen (wie den Putzfimmel, den Jack bei der Reinigung des zweiten Tatorts entwickelt). Eingelagert in die so insgesamt eher konventionell formatierte Grunderzählung, sind verschiedene ganz heterogene Elemente: Ausschnitte aus einer Aufzeichnung von Glenn Gould als er in seiner bekannt ekstatischen Art Bachs »Partita Nr. 2 c-Moll (BWV 826) spielt, Szenen aus einem heiteren Trickfilm mit Schafen, die fröhlich über Wiesen tollen (beim Rekurs auf William Blake; s.u.), Bilder von Kathedralen oder schwarz-weiße Dokumentaraufnahmen, vorab aus der Zeit des Nationalsozialismus. Der »Epilog« erweitert das Kaleidoskop der Stile dann nochmals um surreale Szenen – etwa als Jack und Verge in zwei Kugel-Blasen nach unten schweben – und um die exakte Nachinszenierung des berühmten Gemäldes »Die Dante-Barke« (auch »Dante und Vergil in der Hölle«) von Eugene Delacroix (1822) in Form einer durch extreme Zeitlupe zum Tableau ›gefrierenden‹ Einstellung (02:13:49; Abb. 1). Das Setting des Finales am Höllenschlund verbindet Anlehnungen an Bildkompositionen in den Illustrationen von Gustave

Dorés zu Dantes »Göttlicher Komödie« mit stilistischen Momenten des Fantasy- und Mystery-Films. – Die skizzierte stilistische Pluriformität ist dabei keine L'art pour l'art-Spielerei, sondern eng funktional verschränkt mit Lars von Triers Entfaltung seines narrativen Diskurses über das Böse.

Jacks ›Philosophie‹ des Bösen

Mit dem Vornamen »Jack«, der englischen Kurzform von Jakob[12], trägt der Protagonist des Films einen Allerweltsnamen. In Verbindung mit dem Fehlen eines Familiennamens, der ihn stärker individualisieren würde, kann dies ein Hinweis darauf sein, dass von Triers »Jack« eine Art ›Jedermann‹ ist, und damit darauf, dass das Potential zum Bösen in jedem Menschen vorhanden ist.[13] Auch äußerlich ist Jack sehr durchschnittlich: mit seiner altmodischen Brille, der oft getragenen Krawatte und seiner unauffälligen Kleidung wirkt er wie ein biederer Angestellter und nicht wie ein schon äußerlich aus der Gesellschaft herausgefallener Psychopath (Abb. 2). Deshalb macht er auch (wie in incident 3 und 4) immer wieder Bekanntschaften mit attraktiven Frauen, die nicht ahnen, mit wem sie sich eingelassen haben. Jack, der in Filmkritiken gerne als hochintelligent charakterisiert wird, handelt auch nicht manisch, sondern mit Kalkül und System: Er hat sich für sein Agieren einen theoretischen Überbau, eine dunkle ›Philosophie‹ zurechtgelegt, die er in seinen Voiceover-Monologen und -Dialogen mit Verge umfänglich entfaltet und bewirbt. Dazu bespielt er vor allem drei miteinander verflochtene Register: ein faschistisches, ein ontologisches und ein kunsttheoretisches.

---

[12] https://de.wikipedia.org/wiki/Jack.
[13] Der Hinweis auf das englische Kinderlied »This is the House that Jack built«, den das Autorenkollektiv hinter dem Wikipedia-Artikel etwas nachgeht – vgl. https://de.wikipedia.org/wiki/The_House_That_Jack_Built_(2018) – trägt zur Erhellung der Figur m.E. nicht bei. Es ist wohl eher eine ›kleine Teufelei‹ von Lars von Trier, dass er seine düstere Fabel durch den Titel daran anlehnt.

Der Serienkiller als Figuration des ultimativ Bösen

Abbildung 2

Faschistische Ökonomie und Ikonik des Todes

Bereits in Jacks Selbstermächtigung zum Herrn über Leben und Tod und in seinem ganzen Gebaren schließt Jack an die Herrenmenschen-Attitüde des Nationalsozialismus an, rekurriert auf diesen aber auch explizit als Vorbild und Inspiration. Er bewundert die Effizienz der Nazis beim seriellen Töten, der er dann mit seinem letzten Mordprojekt (5th incident) nachzueifern sucht. Vor allem aber entwickelt er mit Blick auf das Hitlerregime und andere massenmordende Diktatoren eine krude Theorie der Ikone, die er damit eröffnet, dass er mit einer Tafel mit der Aufschrift »The value of icons« (01:41:57) vor die Kamera tritt: Ausgehend von einem Rekurs auf die Schönheit des Weines, die das Resultat eines Zersetzungsprozesses sei, propagiert Jack »Zerstörung und Demontage« als Mittel, »um Kunst zu erschaffen« (01:41:02–07). Er bewundert Hitlers Architekten Albert Speer dafür, dass dieser seine Bauten so geplant habe, dass sie nach ihrem Zerfall später einmal auch prachtvolle Ruinen abgäben und zu Ikonen würden. Ikonen seien auch Hitlers Sturzkampfbomber, die für Jack wegen ihrer Zerstörungskraft und des Entsetzens, das sie zu verbreiten vermochten, »die schönsten Flugzeuge der Welt« (01:42:19) sind. Mit den bereits eingangs dieses Beitrags zitierten Worten – »wir gelten als das ultimative Böse« – reiht er sich selbst ein in die Galerie der im Schnelldurchlauf präsentierten Massenmörder wie Hitler, Stalin, Mao, Pol Pot und Pinochet. Passend dazu hatte er zuvor schon selbst eine kleine düstere ›Ikone‹ schaffen wollen: Indem er am Ende des »3rd incidents«, der Jagdsequenz, seine menschlichen Opfer zusammen mit den erlegten Hasen zu einer ›ordentlichen‹ Jagd-Strecke arrangierte (Abb. 3).

Abbildung 3

Seinen Worten von den in seinen Augen nur vermeintlich »ultimativen Bösen« setzt Jack voran, dass die so Bezeichneten »die wahren Ikonen erschaffen« (01:44:02) hätten – Ikonen die Jack allesamt als »extravagante Kunst« (01:44:23) betrachtet. Dass diese Ikonen aber nichts anderes sind als Inbilder des Inhumanen, macht von Trier mit Archivbildern aus Konzentrationslagern – die Jack zu seinen ›Ikonen‹ zählt – deutlich, die selbst wenn man sie schon wiederholt gesehen hat, nichts von ihrer Entsetzlichkeit verloren haben. Den inneren Aufschrei der Zuschauer fasst Verge in Worte, wenn er Jack voller Empörung und Verachtung entgegenschleudert, er sei der »Antichrist« und eine »durch und durch verkommene Person«, die sich mit ganzem Herzen der Massenvernichtung hingegeben« habe (01:44:40–49). Der von Jack auf den Sockel gehobenen Barbarei stellt Verge die Menschlichkeit gegenüber, wobei er für eine maximale Verdichtung dieses Antagonismus an die Goethe-Eiche im KZ Buchenwald erinnert: Mit dem Baum, unter dem Goethe so gerne ruhte und dichtete, war für Verge eine »Personifizierung von Humanismus, Würde, Kultur und Güte durch die Ironie des Schicksals plötzlich zugegen inmitten eines der größten Verbrechen gegen die Menschlichkeit« (01:45:27–37). Damit behält nicht Jack, sondern – wie auch in anderen Sequenzen – Verge das letzte Wort, also der Anwalt des Humanums.

Jacks naturalistische Ontologie

Dass Jacks fragmentierte ›Philosophie‹ im Film selbst nicht unwidersprochen bleibt und dann die Widerrede allein dem Zuschauer überlassen wäre, bestätigt sich auch beim Blick auf Jacks zweites ›Register‹: seine Bestreitung der Schuldhaftigkeit seines Tuns, indem er es als von der Schöpfungsordnung vorbestimmt sieht. Sein Kronzeuge für sein ›ontologisches‹ Argument mit darwinistischer Schlagseite ist der englische Romantiker William Blake (1757–1827) mit seinen beiden Gedichten »The Tyger« und »The Lamb«, die für Jack ein Diptychon bilden (vgl. 00:47:22ff.).[14]

William Blake
Songs of Innocence and of Experience

»The Lamb«
from *Songs of Innocence*

Little Lamb who made thee
Dost thou know who made thee
Gave thee life & bid thee feed.
By the stream & o'er the mead;
Gave thee clothing of delight,
Softest clothing wooly bright;
Gave thee such a tender voice,
Making all the vales rejoice:
Little Lamb who made thee
Dost thou know who made thee

Little Lamb I'll tell thee,
Little Lamb I'll tell thee:
He is called by thy name,
For he calls himself a Lamb:
He is meek & he is mild,
He became a little child:
I a child & thou a lamb,
We are called by his name.

»The Tyger«
from *Songs of Experience*

Tyger Tyger. burning bright,
In the forests of the night:
What immortal hand or eye,
Could frame thy fearful symmetry?

In what distant deeps or skies.
Burnt the fire of thine eyes!
On what wings dare he aspire!
What the hand, dare seize the fire?

And what shoulder, & what art,
Could twist the sinews of thy heart?
And when thy heart began to beat,
What dread hand? & what
dread feet?
What the hammer? what the chain,
In what furnace was thy brain?
What the anvil? what dread grasp,
Dare its deadly terrors clasp!

---

[14] Die beiden nachfolgenden Gedichte sind zitiert nach: https://romantic-circles.org/sites/default/files/RCOldSite/www/rchs/reader/tygerlamb.html.

Little Lamb God bless thee.
Little Lamb God bless thee.

When the stars threw down
their spears
And water'd heaven with their tears:
Did he smile his work to see?
Did he who made the Lamb
make thee?
Tyger, Tyger burning bright,
In the forests of the night:
What immortal hand or eye,
Dare frame thy fearful symmetry?

Jack ignoriert den christologischen Fokus des Lamb-Gedichts ebenso wie die Sympathie, mit der Blake auf das Lamm blickt. Das Lamm dient Jack zuvorderst als Figuration der Schwäche und damit als Kontrastfigur zum kraftvollen, feurigen Tiger. Mit ihm identifiziert sich Jack, mit einem Lebewesen also, das so geschaffen wurde, dass zu seiner Natur eben wesensmäßig das Töten gehört.[15] Seine Opfer gelten Jack, wie paradigmatisch die von ihm »Simple« genannte Frau, zwar als hübsch, aber einfältig wie die Schafe, denen es bestimmt ist, vom Tiger gerissen zu werden.

Im Voiceover-Dialog mit Verge meint Jack: »Gott erschuf das Lamm und den Tiger. Das Lamm steht für die Unschuld, und der Tiger für die Wildheit. Beide sind vollkommen und beide sind notwendig. Der Tiger lebt von Blut und Mord, tötet das Lamm.« (00:47:35–56) Seinen Überlegungen zu Blakes Gedichten hatte Jack am Ende eine Wendung gegeben, die bereits in das dritte Register seiner Apologie des Bösen weist: die Idee, dass, wie beim Tiger, das Töten auch »die Natur des Künstlers« sei (00:48:05).

Verge wendet ein: »Das arme Lamm. Es hat nicht darum gebeten zu sterben, nicht einmal, wenn es dadurch zu einem der großartigsten Kunstwerke wird.« (00:48:07017) Aber Jack kontert: »Dem Lamm wurde die Ehre zuteil, durch die Kunst ewig zu leben. Und Kunst ist göttlich.«

---

[15] In der Lesart von Jack ist Blakes Doppelgedicht eine Inversion der Heilsvision vom sog. »Tierfrieden« (Jes 11,6ff.): »*Dann wohnt der Wolf beim Lamm, der Panther liegt beim Böcklein. Kalb und Löwe weiden zusammen, ein kleiner Knabe kann sie hüten. [...] Der Säugling spielt vor dem Schlupfloch der Natter, / das Kind streckt seine Hand in die Höhle der Schlange. Man tut nichts Böses mehr / und begeht kein Verbrechen.*«

(00:28:18–26) Das ist Jacks ›höchste‹ Idee und die Mitte seiner Theorie des Bösen: Das Konzept einer ›Ars necandi‹, einer ›Kunst des Tötens‹.

Jacks Kunstanspruch

Der von Jack regelmäßig erhobene Anspruch, dass seine Untaten als Kunst begriffen werden müssten, veranlasst Verge einmal zu dem ironisch-sarkastischen Ausruf: »Sie, der größte Künstler aller Zeiten!« (01:40:38). Jack scheut sich nicht, zur Begründung seiner anmaßenden Behauptung sogar die Sakralarchitektur heranzuziehen. So bemerkt er schon früh im Film zu den christlichen Kathedralen, dass sich in ihnen »grandiose Kunstwerke oftmals in den dunkelsten Winkeln verstecken, so dass nur Gott sie sehen kann, oder wie auch immer man den großen Architekten hinter allem nennen möchte.« (00:09:34–40) Da Jack sich auch selbst als Architekt versteht, ohne freilich ein solcher zu sein, und seine ›Werke‹ in die finstersten Nischen des Menschseins weisen, folgert er aus der eben zitierten Überlegung: »Dasselbe gilt für einen Mord.« Bei seiner Verkoppelung der Kunst mit dem Dunklen, die die Tradition der sog. ›Schwarzen Romantik‹ radikalisiert, nimmt es nicht Wunder, dass Jack auch eine Sonnenfinsternis zum Kunstwerk erklärt (01:10:00ff.). Denn dieses von alters her mythisch aufgeladene Naturschauspiel einer Verfinsterung, die wie mit einem Lichtkranz um krönt ist, eignet sich nachgerade ideal als Symbolgestalt für die Faszinationskraft anderer Verfinsterungen, wie eben der des Bösen.

Jack begnügt sich freilich nicht mit der bloß verbalen Behauptung, dass seine Gräueltaten nicht anders als die der ›großen‹ menschenverachtenden Diktatoren – »Ikonen« seien, die sich wegen ihrer Exzessivität unauslöschlich in das Gedächtnis der Menschheit eingebrannt haben. Jack will auch insofern aktiv ›künstlerisch‹ gestalten, als er regelmäßig die toten Körper seiner Opfer für Fotografien (und dann auch in seinem privaten Bildermuseum) arrangiert, ganz ähnlich wie es schon der Serienmörder »Henry« im Film von John McNaughton getan hatte. Die Opfer werden zum ›Material‹ makabrer Tableaus, die Kunst sein wollen, tatsächlich aber Inbilder der Perversion und des Inhumanen sind.

Reinhold Zwick

Die Widerparte zu Jacks ›Philosophie‹

Mit seiner hochtrabenden ›Philosophie des Bösen‹ verstrickt sich Jack nicht nur selbst in fundamentale Widersprüche, wie etwa der Aporie zwischen seiner Berufung auf den instinktgesteuerten Tiger Blakes und seinem Kunstanspruch, ist Kunst doch ohne Freiheit und selbstbestimmte Kreativität schlechterdings undenkbar. Lars von Trier etabliert daneben auch zwei Widerstands-Instanzen, die Jacks krude Theorien destruieren. Da ist zum einen der Regisseur selbst, der seine Anwesenheit als Erzähler und ›Herr im Haus‹ seiner Geschichte auf verschiedene Weise kenntlich macht. Und da ist zum anderen der (bereits andiskutierte) explizite Widerstand der Verge-Figur.

Die Erzählerinstanz

Bereits durch die Art und Weise der Inszenierung von Jacks Taten macht sie der Regisseur als das kenntlich, was sie in Wahrheit sind: keine düsteren ›Kunstwerke‹, sondern abscheulichste Verbrechen, Gräueltaten, die niemals vergeben werden können, sondern unausweichlich in die ewige Verdammnis führen. Als wollte von Trier seine Bilder gegen jeglichen Anflug einer Ästhetisierung des Bösen, die dessen dunkler Faszination zuarbeiten könnte, absichern, inszeniert er – in der Spur von Pasolini in *Salò*, McNaughton in *Henry* oder Haneke in *Funny Games* – die Gewalttaten derart drastisch, und bisweilen unerträglich, dass dem Zuschauer jeder Funke von Gewaltvoyeurismus oder Schmerzlust ausgetrieben wird. Das Böse von Jack tut beim Zusehen derart weh (wenn man nicht lieber wegsieht, dann aber dem Kopfkino ausgeliefert ist), dass nicht nur die Opfer im Film, sondern auch der Zuschauer selbst leidet und der Kinosessel kein sicherer Ort mehr ist.

Der Serienkiller als Figuration des ultimativ Bösen

Abbildung 4

Daneben kommentiert Lars von Trier das Geschehen aber auch auf explizite Weise, indem er Jack wiederholt im Stil von Bertolt Brechts epischem Theater[16] mit großen Schildern in der Hand vor die Kamera treten lässt, auf denen handschriftlich Stichworte geschrieben stehen, die Ansatzpunkte für eine psychologische und psychosomatische Charakterisierung seines Protagonisten benennen. Auf dem ersten Schild steht in Großbuchstaben »OCD« (00:27:38; Abb. 4), d.i. »obsessive-compulsive disorder«, was ein Untertitel mit »Zwangsneurose« erläutert. Dieser ersten Zuordnung zu einer psychischen Störung, deren Mitteilung der Regisseur der Figur selbst auferlegt, folgen etliche weitere Einstellungen nach demselben Muster. Eine zweite Schrifttafel weist »Egotism« aus (00:37:19), im Untertitel mit »Selbstsucht« übersetzt. Dieser Tafel folgt dann eine ganze Serie von Tafeln, die Jack zuerst als Bündel in der Hand hält und dann nacheinander aufblättert: Vulgarity / Rudeness / Impulsiveness / Narcissism / Irrationalism / Manipulation / Mood Swing / Verbal Superiority. Welche dieser Zuschreibungen zur Charakterisierung Jacks geeignet sind, bleibt weithin dem Zuschauer selbst überlassen. Am Ende treffen sie aber alle irgendwie zu, nur über ihre Anteile am Gesamtbild kann man diskutieren. Überwölbt wird das Kaleidoskop der ›schriftlichen‹ Etiketten von einer Kategorie, die auf den Tafeln selbst fehlt, die ihnen aber im Dialog von Verge wie ein Oberbegriff vorangestellt wird:

---

[16] Deutliche Einflüsse des epischen Theaters waren bei von Trier bereits in seinem Film *Dogville* vorhanden; zu den Verbindungen dieses Films mit dem Theater vgl.: Bühler-Dietrich, A.: Theater im Film – Film als Theater. *Dogville*s Formen der Intermedialität, in: Dogville – Godville. Methodische Zugänge zu einem Film von Lars von Trier (Film und Theologie, Bd. 12), Hg. v. S. Orth, J. Valentin, M. Staiger. Marburg 2008, S. 73–86.

Dass Jack »ein Psychopath« sei. (00:37:16) Obwohl diese Klassifikation Jacks ›Philosophie‹ untergräbt, lässt er sie doch gelten; denn er sei »ja nicht dumm« (00:37:28). Laut Verge ist ein solches Eingeständnis »eher ungewöhnlich«, denn: »Kein Psychopath akzeptiert seine eigene Diagnose« (00:37:36). Das zentrale Moment in Jacks psychopathologischen Konstitution, zu dem sich Jack auch selbst bekennt, ist seine absolute *Empathielosigkeit*. Schon als Kind habe er, wie sich Jack erinnert, oft Empathie vorgetäuscht, »um nicht aufzufallen« (00:37:49). Wie es aber tatsächlich um ihn bestellt war, illustriert von Trier mit einer erschreckenden Rückblende in Jacks Kindheit, als dieser etwa zehn Jahre alt war: An einem schönen Spätsommertag verstümmelt Jack völlig ungerührt eine kleine Ente, nachdem er zuvor einer Reihe von Schnittern beim Mähen zugesehen hatte. Diese Tätigkeit, die ihm, wie er sagt, immer sehr gefallen habe, scheint ihn dazu inspiriert zu haben, dem Tier ein Bein abzuschneiden.

Nach der Tat lässt ihn von Trier dann völlig ungerührt in Großaufnahme aus dem Raum der Erzählung zu den Zuschauern blicken (00:42:19; Abb. 5). Dass bei dieser, wie dann auch allen anderen seiner Untaten zu seiner Überraschung immer eine Strafe ausgeblieben sei, habe ihn, so Jack, ermutigt, damit weiterzumachen und »größere Risiken« (00:44:39) einzugehen. Damit habe seine »Zwangsneurose« nachgelassen (00:44:27; vgl. 00:49:09), mehr noch: nach einem Mord empfinde er ein »Glücksgefühl« und fühle sich »stark und zufrieden« (00:52:06). Sein diffuser innerer Schmerz, der vor einem Mord, immer größer geworden sei, sei mit dem Morden immer gewichen. Verge diagnostiziert krankhaften Narzißmus und kommentiert solche Einlassungen von Jack nur müde, abwinkend: »Ich weiß, Sie wollen jemand besonderer sein, Jack« (00:52:38).

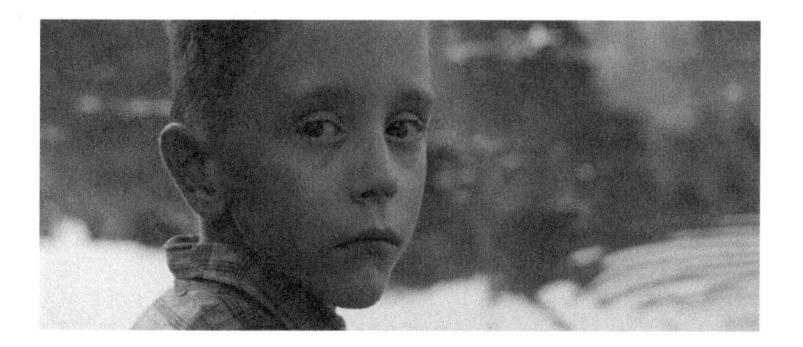

Abbildung 5

Verge – Begleiter und Engel

Wie bei seinem behaupteten Künstlertum, versucht Jack auch seine eingestandene Psychopathie zu etwas Großem zu stilisieren. Doch gleichermaßen der Erzähler wie auch intradiegetisch seine Figur Verge demaskieren das Falsche und Erbärmliche dieser Attitüden. Dabei entlassen beide Jack auch nicht aus der Verantwortung für sein Tun: Er hat zwar deutlich psychopathische Züge, ist aber nicht unzurechnungsfähig und deshalb auch nicht schuldunfähig. In dieser Hinsicht erinnert Lars von Triers Figur deutlich an den norwegischen Massenmörder Anders Behring Breivik, der trotz seiner – Jack analogen – »Persönlichkeitsstörung mit narzisstischen Zügen«[17] vom Gericht (anders als von den psychiatrischen Gutachtern) für zurechnungsfähig erklärt und sodann zur Höchststrafe von 21 Jahren Gefängnis mit anschließender Sicherungsverfahrung verurteilt wurde. Breiviks über 1500 Seiten starkes »Manifest« findet sein Pendant in Jacks ›Philosophie‹, und nicht zufällig schreibt Jack auf ein Foto mit einem von ihm arrangierten Opfer »Sophistication« (00:49:40) und wird auch von Verge, obgleich in spöttischem Ton, als »Mr. Sophistication« angesprochen«, also als jemand mit »Kultiviertheit« und »Raffinement«, nicht als ein einfachhin Geisteskranker.

Eine der wichtigsten Funktionen der Verge-Figur ist überhaupt, das Schuldhafte, und auch das Sündhafte, von Jacks Handlungen zu akzentuieren. Deshalb spricht Verge mit Jack auch immer, selbst wenn

---

[17] Online-Ausgabe von »Die Welt« vom 24.08.2012; unter: https://www.welt.de/newsticker/news1/article108768141/Breivik-trotz-Persoenlichkeitsstoerung-schuldfaehig.html.

er ihm massivst kontert, wie mit einem vernünftigen Menschen; und er redet ihn – wie in der deutschen Synchronfassung glücklich entschieden – immer mit »Sie« an.

Abbildung 6

Der von Bruno Ganz eindrucksvoll vorgestellte Verge ist ein würdevoller, alter Mann in Abendgarderobe (Abb. 6). Sein Name ist eine amerikanisierte Kurzform von »*Vergil*«, denn grundständig steht Verge ja zunächst für den großen römischen Dichter (70–19 v.Chr.), vorab den Dichter des Epos *Aeneis*, als der er auch im Film explizit namhaft gemacht wird (01:40:37). Diesen Vergil hatte Dante Alighieri (1265–1321) im Mittelalter wieder lebendig werden lassen und in seiner »Divina Commedia« zum Führer durch »Inferno«, »Purgatorio« und »Paradiso«, durch Hölle, Fegefeuer (bzw. Läuterungsberg) und Himmel gemacht. Begleitete er bei Dante den Dichter durch alle drei Sphären, so bei von Trier Jack einzig in die Hölle. Der gemeinsame Abstieg ins Inferno im Epilog des Films ist dabei eine Art Prolepse der ewigen Verdammnis Jacks nach seinem Tod, zu dem er in der ›Realität‹ der Erzählung entweder nach seiner Verhaftung verurteilt wird oder bis zu dem er lebenslänglich inhaftiert sein wird.

Verge ist aber mehr als ein dantesker Vergil. Für Jack unsichtbar ist er auf dessen gesamtem Weg anwesend: Er sieht alle Untaten, ohne freilich einzugreifen, und er kommentiert Jacks Tun, seine Persönlichkeit und seine ›Philosophie‹. In dem stetig fließenden Voiceover-Strom seiner Bemerkungen, Einwände und Widerreden rekurriert Verge immer wieder auf Kategorien und Denkfiguren der christlichen Tradition. So meint er einmal zu Jack – gesprochen aus der rückblickenden Perspektive der Katabasis: »In der Realität waren Sie ein entsetzlich perverser Satan«

(00:36:55). Er wirft Jack mit Blick auf seine Verdrehung von Blakes Gedichten vor, er lese diese »wie der Teufel die Bibel liest« (00:48:06), und er nennt ihn wegen seiner Begeisterung für die Gräuel des Holocaust bündig »Antichrist« (01:44:41).

Der auf den Dante-Illustrationen von Gustav Doré[18] immer mit einem Lorbeerkranz als Dichter, als ›poeta laureatus‹, markierte Vergil, ist bei Lars von Trier zuvorderst ein *Engel*.[19] Als solcher begleitet er den sündhaften Weg Jacks, ohne einzugreifen. Denn als Repräsentant Gottes respektiert auch er den freien Willen des Menschen, und erst durch sein Handeln aus freiem Willen wird Jack auch für dieses verantwortlich und schuldfähig. Verge ist nicht allein Begleiter und Führer, sondern wie Gott kennt er das Innerste von Jack, durchschaut sein Wesen und alle seine Täuschungen und Entstellungen der Wahrheit, angefangen bei seiner Behauptung, er sei Architekt. Und Verge hat, wie er Jack erklärt, auch einen Auftrag, gewissermaßen von seinem ›obersten Dienstherrn‹: Jack an einem bestimmten Ort, in einem bestimmten Höllenkreis »abzuliefern« (02:17:00). Dies sei nicht sein erster Auftrag dieser Art, aber Jack sei die verkommenste Person, die er jemals begleitet habe (01:44:40–43). Verge respektiert trotz allem bis zuletzt den freien Willen Jacks: als dieser in seiner Hybris meint, den Weg nach oben, aus der Hölle, erreichen zu können, rät Verge davon ab, sagt aber zugleich mit Nachdruck: »Die Entscheidung liegt bei Ihnen ganz allein.« (02:18:37). Jack entscheidet sich für das aussichtslose Unterfangen, worauf er in die tiefste Verdammnis stürzt (Abb. 7), und nicht »ein paar Kreise weiter oben« (02:17:05) endet, wohin ihn Verge hatte bringen sollen.

---

[18] Vgl. die Ausgabe der »Wissenschaftlichen Buchgesellschaft«: Darmstadt, 3. Aufl. 2015.
[19] Einen Engel spielte Bruno Ganz bereits in zwei Filmen von Wim Wenders: Der Himmel über Berlin (DE/FR 1987) und In weiter Ferne, so nah! (DE 1993).

Abbildung 7

Immer wieder steht Verge auch ein für Werte, die im Christentum hochgehalten werden: für Empathie, für Menschlichkeit und für die Liebe (z.B. 01:10:37), für letztere ganz besonders, da sie ihm – ganz in der Spur des Neuen Testaments – als das Wichtigste gilt und als das, was Jack am meisten fehle, wonach er aber gleichzeitig eine nie eingestandene »Sehnsucht« habe (01:13:42). Zugleich verweist Verge aber auch wiederholt auf die Sphäre Gottes als eine der Gerechtigkeit und der Strafe. Die Strafe, die Jack in seinem Leben nie erhalten hat, nach der er sich aber insgeheim ebenfalls dunkel gesehnt hat, ereilt ihn am Ende in unüberbietbarer Weise. Wenn ihn Verge vor seinem Versuch, der Hölle doch noch zu entkommen, verlässt, verabschiedet er sich mit Handschlag und mit den Worten: »Leb wohl, Jack!« (02:19:03), welche Jack analog erwidert. Verges Gruß ist kein purer Zynismus, sondern ein Zuspruch von Würde und Individualität, die ihm selbst in der Verdammnis noch zukommen.

Theologische Dimensionen

Mit der Charakterisierung von Verge als Engel-Figur ist bereits ein wichtiges Moment der theologischen Dimensionen in *The House that Jack built* benannt, näherhin die Schlüsselrolle einer richtend und strafend wirksamen transzendenten Sphäre. Deren umfängliche und explizite Thematisierung in der Filmerzählung ist gewissermaßen ein narrativer Einspruch des Regisseurs gegen die heute verbreitete Jenseitsvergessenheit und gegen die Ausblendung des auch richtenden Charakters Gottes, ungeachtet dessen prominenter Rolle im christlichen Credo.[20]

Wie viele frühere Arbeiten von Lars von Trier ist auch *The House that Jack built*, ein Film, der mit zahlreichen biblischen und christlich formatierten religiösen Motiven durchsetzt ist.[21] Diese sind hier mehrheitlich nicht etwa in einen subtil organisierten Subtext verlagert, sondern werden explizit aufgerufen und bilden eines der tragenden Elemente der Architektur des Films.

Wie bereits erwähnt scheut sich der Protagonist in seiner Hybris nicht, seine sinistren Taten mit den in dunklen Winkeln verborgenen, nur Gott selbst sichtbaren Kunstwerken in den Kathedralen zu vergleichen. Ja, als ein unerwarteter, starker Regen nach dem zweiten Mord eine Blutspur wegspült, die ihm hätte gefährlich werden können, maßt sich Jack sogar an, ein Günstling Gottes zu sein. Er kommentiert diesen für ihn glücklichen Zufall mit den Worten: »Ich betrachte mich nicht als jemanden, der ausgesprochen gläubig ist. Was natürlich eine vollkommen verrückte Aussage ist in Anbetracht meiner aktuellen Situation. Aber ich muss zugeben: ich habe den Regen, den heftigsten, den ich jemals erlebt habe, als eine Art Segen empfunden, und den Mord als eine Art Befreiung. Als hätte mich eine höhere Kraft beschützt.« (00:36:38–47). Indem ihn Verge in seiner unmittelbar folgenden Replik einen »entsetzlichen Satan« (00:36:55) nennt, macht er deutlich, dass Jack die Koordinaten auf den Kopf gestellt hat: Er hatte nicht Gott, sondern den Teufel auf seiner Seite. Jacks ›Theologie‹ ist eine satanistische Inversion des christlichen Glaubens. Vor dem Hintergrund des ubiquitären religiösen Dualismus von Licht und Finsternis, wie er auf christlicher Seite etwa im Johannesevangelium sehr prominent ist, kommt es nicht überraschend, dass Jack die Sonnenfinsternis als eine seiner »Ikonen« feiert. Jacks ›Theologie‹ ist insofern eine ›negative‹ als sie eine invertierte, das Böse zum obersten Prinzip erhebende Theologie ist. Eine Metapher für diese Art von Negativität sind Jacks Ausführungen zu seiner Faszination für Fotonegative (als noch Filme, auch »Umkehrfilme« genannt, entwickelt werden mussten, bevor dann von den Negativen Positiv-Abzüge gefertigt

---

[20] Diese Diagnose ist eines der wichtigsten Ergebnisse von Erdmann, P.: Jugend und Jenseits. Eine empirische Untersuchung zu den Vorstellungen von Schülerinnen und Schülern. Münster 2017.
[21] Vgl. beispielsweise zu *Dogville*: Zwick, R.: Befreiung aus dem Sklavenhaus (und retour). Intertextuelle Lektüre von *Dogville*, in: Orth et. al (Hg.): Dogville – Godville, S. 159–178; und zu diesem und anderen Filmen von Triers: Martig, C.: Weibliche Christusse im Werk Lars von Triers. Von *Medea* bis *Dogville*, in: ebd., S. 141–158.

werden konnten). Jack erinnert sich, dass er schon als Kind entdeckt haben will, »dass man erst im Negativ die wahre dramatische Eigenschaft erkennen konnte«, »das dunkle Licht« (00:50:25). Ins Dunkle verkehrt er auch das berühmte »Lied von der Zeit« des Predigers Kohelet im Alten Testament (Koh 2,1–8), wenn er in deutlicher Anspielung an dieses beim »4th incident« zu seinem designierten Opfer, der von ihm »Simple« genannten jungen Frau, sagt, kurz bevor er sie ermordet: »Es gibt eine Zeit zum Reden, und es gibt eine Zeit zum Schweigen.« (01:30:20). In dieser Spur liegt auch Jacks Vorgehen bei der Ermordung erst der Kinder und dann ihrer Mutter im »3rd incident«. Dies erinnert an das Martyrium der sieben makkabäischen Brüder (2 Makk 7,1–42), die vor den Augen ihrer Mutter gefoltert und getötet werden, bevor auch sie ermordet wird. Anders als der biblische Erzähler steht Jack nicht auf der Seite der unschuldig Leidenden, sondern agiert in der Rolle des widergöttlichen Peinigers, zu dem die Bibel den Seleukidenkönig Antiochus IV. Epiphanes macht, der ob seiner Schandtaten als von Gott Verfluchter später selbst einen noch grauenhafteren Tod erleiden muss und, wie Jack, der ewigen Verdammnis anheimfällt.

Die drastische Schilderung der Martyrien der Gerechten im Zweiten Buch der Makkabäer, Kap. 7 ist insofern für von Triers Gewaltszenen erwähnenswert, als auch in der religiösen Tradition bisweilen exzessive Gewaltdarstellungen zum Vehikel theologischer Botschaften wurden. Sei es, dass die Gewalt allein mit Worten vor dem inneren Auge erstehen soll, sei es, dass sie visuell konkretisiert wird, wie auf den zahllosen Gemälden von den grauenhaften Qualen der Märtyrer oder den Plastiken, auf denen das von der Geißelung bloßgelegte Fleisch Christi gezeigt wird. Von nochmals gesteigerter Intensität sind manche Gräuelszenen in den barocken Märtyrerdramen, die man schon in ihrer Entstehungszeit mit einigem Erfindungsreichtum zum intendierten Entsetzen der Zuschauer sehr naturalistisch zu inszenieren wusste. Mit Blick auf Jacks Verstümmelung der jungen ›Simple‹ erinnere man sich nur an das Trauerspiel *Catharina von Georgien* (1657) von Andreas Gryphius, wo der Titelheldin von den Schergen des widergöttlichen Tyrannen mit Zangen die Brüste abgerissen werden.[22] Was Gryphius im Drama nur eine Augenzeugin

---

[22] Die Folterung Catharinas wird von der Augenzeugin Serena geschildert bzw. besser: mit Worten visualisiert. So kommt das Kopfkino in Gang, das bei seiner Produktion mentaler Schreckensbilder meist die realen Bilder noch übertrifft. – Serena berichtet: »Die Stücker hingen nu von beyden Schenckeln ab; / Als man jhr auff die Brust zwey grimme Züge gab. / Das Blut sprützt vmb vnd vmb vnd leschte Brand vnd Eisen / Die

Der Serienkiller als Figuration des ultimativ Bösen

erzählen lässt, wird von zeitgenössischen Illustratoren schon bald ins Bild gesetzt.[23]) Wie aber den Märtyrern das ewige Heil, so ist ihren Peinigern die ewige Verdammnis gewiss. Und zu dieser verurteilt denn auch Lars von Trier seinen Serienmörder.

In der Zeit seines mörderischen Treibens hatte Jack geprahlt: »Ich bereue gar nichts!« (00:51:24). Vollmundig hatte er auch die Unterscheidung von Himmel und Hölle, und damit auch den Gedanken an ein göttliches Gericht abgewiesen: »Ich glaube Himmel und Hölle sind ein und dasselbe. Die Seele gehört dem Himmel und der Leib der Hölle.« (01:45:58–01:46:06) Und er hatte sich mit seiner ›Philosophie‹ gegen alle Schuld abzupanzern gesucht. Erst bei seiner Katabasis kommen Risse in diesen Panzer und zeigt Jack Ansätze von Empathie: Auf dem Weg hinab in die Hölle lässt ihn Verge an ein Fenster treten und einen Blick auf die, wie er erklärt, »elysischen Gefilde« (02:14:48) werfen. (Wie in der *Aeneis* Vergils ist das Paradies nicht vertikal in eine obere Sphäre verlegt, sondern der Hölle nebengeordnet, aber gleichwohl unerreichbar.[24]) Im Paradies sieht Jack die Schnitter aus seiner Kindheitserinnerung wieder, diesmal auf einem golden leuchtenden Feld im ebenfalls goldenen spätsommerlichen Licht. In Großaufnahme sieht man erstmals (und das einzige Mal) auf Jacks Gesicht einen Ausdruck von Betroffenheit und Rührung, vielleicht auch Reue, und man meint gar, eine Träne über seine Wange fließen zu sehen (Abb. 8 a/b). Aber diese innere Bewegung kommt zu spät. Jacks Weg in die Hölle ist unumkehrbar. Sein Nivellierungsversuch von Himmel und Hölle zerfällt in nichts, als er schließlich mit Leib *und* Seele in die tiefste Hölle stürzt. Und es macht nicht den Eindruck, dass ihm Lars von Trier am Ende noch die Gnade einer Hoffnung auf eine Apokatastasis, auf eine Allversöhnung am Ende aller Zeiten gewährt. – Als am Ende von Lars von Triers großartigem Film *Breaking the Waves* die strenggläubigen Gemeindevorsteher die in ihren Augen verworfene Protagonistin Bess begraben, verabschieden sie sie mit

---

Lunge ward entdeckt. Der Geist fing an zu reisen / Durch die / von scharffern Grimm new auffgemachte Thor.« (VV. 91-95; nach der Ausgabe in »Reclams Universalbibliothek«, Ditzingen 1986).

[23] Vgl. Burschel, P.: Sterben und Unsterblichkeit. Zur Kultur des Martyriums in der frühen Neuzeit. Berlin/New York 2004, dort S. 103 die Abbildung eines Kupferstichs zu *Catharina von Georgien* von Gregor Bieber und Johann Using, der den Angriff auf die Brüste ins Bildzentrum stellt.

[24] So ist es auch in einem der wenigen neutestamentlichen Texte, die einen Blick in die Hölle werfen: Im Gleichnis »Vom reichen Mann und vom armen Lazarus« (Lk 16,19–31), wo der Höllenqualen leidende Prasser den selig in Abrahams Schoß ruhenden Lazarus sieht, aber beide ein unüberwindlicher Graben trennt.

den Worten: »Wir übergeben Deinen Leib der Hölle«. Doch in dem Sarg waren nur Sandsäcke. Als die Freunde der Verstorbenen ihren Leichnam auf See bestatten blickt in den letzten Bildern plötzlich die Kamera von weit oben aus dem Himmel auf die Ölbohrplattform herab, von wo aus die Tote dem Meer übergeben wurde. Und in den Himmel sind Glocken gehängt, die dröhnend verkünden, dass mit Bess keine Sünderin, sondern eine Heilige gestorben und nun ins himmlische Paradies eingegangen ist. *The House that Jack built* ist das Gegenprogramm dazu: Diesmal übergibt Lars von Trier seinen Protagonisten selbst der Hölle, und dort wird er auch für immer bleiben.

Abbildung 8a

Abbildung 8b

Abspann

Welchen Beitrag die Filmkunst zum Diskurs über das Böse zu leisten vermag, sei abschließend thesenartig gebündelt:

- Wie das Böse überhaupt ist auch das Film-Böse unauslotbar und unerschöpflich.
- In der Spur des »fascinans et tremendum« erscheint das Film-Böse als dunkle Seite, als Negativ des Heiligen.
- Das Film-Böse bedient die Lust am Schrecklichen und die Faszination des Blicks in die Abgründe.
- Das Film-Böse kann dabei aber mehr sein als Horror-Unterhaltung und Nervenkitzel.
- Über ihre Narration und Ästhetik können Filme eine reflexive Auseinandersetzung mit dem Bösen führen und/oder stimulieren.
- Als künstlerische Vermessungen des Bösen können Filme ein Beitrag zu einer (narrativ formatierten) Philosophie und Theologie des Bösen sein (etwa zur Anthropologie, Phänomenologie des Bösen, Ethik).
- Bei ihrer Vermessung des Bösen können, ja sollten Filme auch gerne abgedrängte Grenzregionen erkunden.
- Durch ihre Eindruckskraft verstricken Filme die Zuschauer in ein ›Wechselbad‹ von Anziehung und Abstoßung und drängen sie zu einer Auseinandersetzung mit der Potentialität des Bösen in ihnen selbst.

Für das weite Feld der fiktionalen filmischen Bearbeitung des Bösen könnte, wie die Ausführungen zu zeigen versucht haben, auch Lars von Triers *The House that Jack built* einiges beitragen. »Könnte«, denn der Film hat leider einen gravierenden Makel, auf den bereits eingangs verwiesen wurde: Wie es Charles Martig in den Untertitel seines Buches über Lars von Trier gesetzt hat, ist auch *The House that Jack built* eine »theologische und ästhetische Herausforderung«.[25] Mehr noch: mit der Drastik seiner exzessiven Gewaltdarstellung *über*fordert er sicher die große Mehrheit seiner potentiellen Adressaten oder widert sie gar an.[26]

---

[25] Martig, C.: Kino der Irritation. Lars von Triers theologische und ästhetische Herausforderung (Film und Theologie, Bd. 10). Marburg 2008.

[26] Diese Überforderung bildet sich ab im Einspielergebnis an den Kinokassen. Bei Herstellungskosten von ca. 10 Mio. Dollar (vgl. https://en.wikipedia.org/wiki/The_House_That_Jack_Built_(2018_film) [abgerufen am 07.12.2021]) spielte der Film weltweit nur ca.

Lars von Trier tut hier des (Un-)Guten deutlich zu viel, zumindest streckenweise. Damit der Film im Diskurs über das Film-Böse die ihm eigentlich zukommende Stellung erlangt, bräuchte es eine um verschiedene Gewaltspitzen gekürzte Fassung – wobei gleichzeitig auch der Director's Cut verfügbar bleiben muss.[27] Denn selbst in der bereits gekürzten deutschen Version wurde und wird der Film aus gutem Grund von sehr vielen Menschen gemieden: aus Sorge um ihre psychische Balance. Denn sie waren vorgewarnt durch die zuvorderst wegen der exzessiven Gewaltdarstellungen fast einmütig ablehnenden Filmkritiken. So wurde *The House that Jack built* fast ›unsichtbar‹, obgleich er eigentlich ästhetisch und theologisch sehr viel zu bieten hat.

2,6 Mio. Dollar ein; und die Zweitverwertung auf DVD/Blu-ray erbrachte ebenfalls nur ca. 100 000 Dollar (vgl. https://www.the-numbers.com/movie/House-That-Jack-Built-The-(Denmark)#tab=summary [abgerufen am 07.12.2021]). Mit etwas mehr, näherhin mit 3,1 Mio. Dollar weltweit an den Kinokassen rechnet eine andere, sehr zuverlässige Quelle: https://www.boxofficemojo.com/title/tt4003440/?ref_=bo_se_r_1 [abgerufen am 07.12.2021].

[27] Der Director's Cut von *The house that Jack built* ist z.B. auf »Amazon Prime Video« zugänglich.

Ahmad Milad Karimi

Der begehrende Mensch
Hank Moody und die existentielle Revolte

»Gesündigt habe ich, gesündigt voller Lust.«[1]
Forūġ-e Farroḫzād

Die Idee des Bösen gehört zum religiösen Narrativ. Nicht nur deshalb, weil es der Religion im Kern um das Gute, im äußersten Fall um das absolut-unüberbietbar Gute geht, sondern um das Menschliche, Allzu-Menschliche, das sich als ein ambivalentes Wesen beschreiben lässt, das vom Guten und Bösen zugleich angezogen ist. Irreleitung, Verfehlung, Gier, Neid, Selbstsucht, Verführung, Schuld und Sünde, die immer auch mit dem Gedanken verbunden sind, dass sie Leid verursachen, prägen religiöse Narrationen des Bösen – insbesondere im ethischen Kontext. Zugleich scheinen Religionen, nicht zuletzt auch der Islam, als ein Versprechen verankert zu sein, dass sie Menschen zum Guten führen, sie ent-schuldigen, sie rechtleiten, erlösen und heilen. Der bedürftige Mensch ist daher angehalten, aus seiner inneren Polarität heraus, vom Guten und Bösen angezogen, sich »rechtleiten« zu lassen. Eine bedeutende Selbstprädikation der koranischen Offenbarung besteht eben darin, »eine Rechtleitung«[2] zu sein. Die Voraussetzung dafür wird ebenso sehr herausgestellt: »der Mensch ist schwach erschaffen«[3]. Die ethische Anstrengung, mit Hilfe von Kriterien und Handlungstheorien eine klare Unterscheidung zwischen dem Guten und Bösen herauszuarbeiten, die sowohl vor dem »Richterstuhl der Vernunft« als auch im Sinne der Offenbarungstexte Bestand haben soll, bestimmt einen prägen-

---

[1] Farrochsād, F.: Die Sünde, in: Der Wind wird uns entführen. Moderne persische Dichtung. Ausgew., übers. und eingel. v. K. Scharf. Mit einem Nachwort v. SAID. München 2005, S. 146.
[2] Vgl. u.a. Koran 2:2. Die Koranzitate folgen der Übersetzung: Der Koran. Vollständig und neu übersetzt v. Ahmad Milad Karimi. Mit einer Einführung hg. v. B. Uhde. 1. Auflage. Freiburg i.Br. 2009.
[3] Koran 4:28.

den Teil des theologisch-rechtswissenschaftlichen Diskurses. Hat aber überhaupt eine Lesart des Lebens, die feinsäuberlich auf einer dualen Teilung basiert und die die Redeweise der Reinigung des Menschen als steril-pathologisches Geschehen darstellen lässt, Überzeugungskraft? Oder führt dieses Versprechen zur Annahme der Religion als einer Genesungsanstalt des Menschseins? Und welche Bedeutung hätte es für den Menschen, wenn dieses scheinbar religiöse Versprechen gelingen würde oder durch die allmächtige Wirkweise Gottes schicksalhaft dem menschlichen Leben allein das Gute vorgegeben wäre? Doch was heißt dies genau – vor allem für das religiöse Selbstverständnis? Denn die Einsicht in die komplexe und mehrdimensionierte Lebensrealität des Menschen, seine Existenz nicht nach einem normativ vorgegebenen Register zu vollziehen, sondern nicht selten auch im Widerspruch zu sich selbst zu stehen, haben religiöse Traditionen nicht ignoriert. Zunächst lässt die Offenheit des menschlichen Lebensvollzugs eine radikale Setzung und Einsicht in die menschliche Freiheit erkennen, die sich nicht auf ein programmiertes Kalkül reduzieren lässt. Das menschliche Geschehen ist ein offenes Geschehen, »halb Engel, halb Tier, halb Schlange, halb Fisch«,[4] wie es Rūmī einmal plastisch ausdrückte, ein Geschehen der Freiheit. Zu diesem freien Geschehen gehört nicht »nur« ethisch, sondern auch existentiell, mit dem Bösen zu hadern.

Zumindest muss man sich fragen, wenn man nach dem Heil trachtet, wie sehr man sich dem Unheil anvertrauen will. Goethe lässt bekanntlich Faust sich dem Mephistopheles anvertrauen,[5] damit er das Höchste, das höchste Glück erfahren kann, um zu dem Augenblicke sagen zu können, verweile doch, denn du bist so schön.[6] Inwiefern er diesen höchsten Augenblick erreicht, darf hier offenbleiben, obgleich Goethe den Herrn sagen lässt: »Der gute Mensch in seinem dunklen Drange ist sich des rechten Weges wohl bewußt«[7], aber es ist der Dramaturgie der Schrift eingeschrieben, dass Faust erst nach dem Pakt mit Mephistopheles die unschuldige Margarethe verführt, ihren Bruder ermordet, vor der Verantwortung flieht etc. Goethes *Faust* ist jedenfalls nicht nur deshalb eine Tragödienschrift, weil es dabei um das Tragische des Menschen

---

[4] Rūmī, Ğ. M.: Von Allem und vom Einen. Aus dem Persischen u. Arabischen v. A. Schimmel. Kreuzlingen/München 2011, S. 159.
[5] Goethe, J. W. v.: Faust: Der Tragödie erster Teil, in: Werke. Hamburger Ausgabe. Bd. 3: Dramatische Dichtungen I. Textkritisch durchges. und komment. v. E. Trunz. München 1981, S. 57, V. 1692–1698.
[6] Vgl. ebd., V. 1700.
[7] Ebd., S. 18, V. 328f.

Faust geht, dass er irreversibel das Gute immer und immer wieder verfehlt, um das Gute zu erreichen, sondern es geht ebenso um das Tragische des Bösen selbst, des figurativen Bösen, dass es sich selbst verfehlt, indem es sich selbst will, eben »stets das Böse will und stets das Gute schafft«[8].

In der biblisch-koranischen Geistestradition des Religiösen ist das Narrativ kultiviert, dass der gute Gott uns liebt. Ausdrücklich ist dies im Koran artikuliert, dass sich Gott den Menschen in Liebe zuwendet, »Er liebt sie und sie lieben Ihn«[9], sodass die islamische Liebesmystik auf dieser Einsicht des bedingungslos liebenden Gottes basiert.[10] Der Bund zwischen Gott und Mensch ist in und aus der Liebe geschlossen.[11] Theologisch konnte man daraus ableiten, dass ein liebender Gott, eben kein »Genius malignus« darstellt, wie es Descartes ablehnt,[12] der seinen geliebten Geschöpfen Böses antut. Nicht nur deshalb wird das Böse aus der Wirklichkeit Gottes ausgeschlossen, weil es – augustinisch formuliert – eine Mangelerscheinung des Guten darstellt, d.h. eine Unvollkommenheit bedeutet, sondern weil Gott sich in seiner Offenbarung zur Liebe bekennt, sich sogar zur Barmherzigkeit verpflichtet.[13] Was bedeutet Böses im Existenzvollzug des Menschen, welchen er vor dem Antlitz des Ewigen mit Leben füllt? Neben dem muslimischen Mystiker und Dichter ʿOmar-e Ḫayyām hat bekanntlich Farīd ad-Dīn ʿAṭṭār die göttliche Wirklichkeit in ihrer furchterregenden, erschreckenden Wirkkraft in seiner Schrift *Das Buch der Heimsuchung* thematisiert,[14] die überhaupt in der mystischen Tradition des Islams, ob bei Rūmī oder Bīdel nicht unüblich ist. Indessen führen die klassischen Positionen

---

[8] Ebd., S. 47, V. 1336.
[9] Vgl. Koran 5:54.
[10] Vgl. hierzu Schimmel, A.: Mystische Dimensionen des Islam. Die Geschichte des Sufismus. Köln 1985, S. 200f. Vgl. auch: Karimi, A. M.: Licht über Licht. Dekonstruktion des religiösen Denkens im Islam. Freiburg i.Br. 2021, S. 331–359.
[11] Vgl. hierzu Karimi, A. M.: Die Beziehung zwischen Gott und Mensch aus islamischer Perspektive, in: »Der stets größere Gott...« – Gottesvorstellungen in Christentum und Islam. Hgg. v. A. Renz u.a. Regensburg 2011, S. 231–241.
[12] Vgl. Descartes, R.: Meditationen über die Grundlagen der Philosophie. Auf Grund der Ausgaben von A. Buchenau neu hg. v. L. Gäbe. Hamburg 1960, S. 19 f.
[13] Vgl. Koran 6:54 und 6:12. Vgl. hierzu Karimi, A. M.: Wie Gott als Barmherzigkeit gedacht werden kann, in: Theologie der Barmherzigkeit – zeitgemäße Fragen und Antworten des Kalām. Hgg. v. A. M. Karimi/M. Khorchide/K. v. Stosch. Münster 2014, S. 89–98.
[14] Vgl. hierzu Kermani, N.: Der Schrecken Gottes. Attar, Hiob und die metaphysische Revolte. München 2008, insbesondere S. 130–148.

der islamischen Theologie monistisch alles auf den einen und einzigen Gott zurück, sodass das Schlechte und das Bittere, was wir erfahren, auf die Wirkweise Gottes enggeführt wird. Bei at-Ṭaḥāwī ist z.b. zu lesen: »Der Glaube ist der Glaube an Gott, seine Engel, seine Schriften, seine Gesandten, an den Jüngsten Tag, an die Bestimmung, dass das Gute und das Schlechte, das Süße und das Bittere von Gott ist.«[15] Hierbei wird Gott als die eine und einzige Ursache des Seins begriffen, der nichts neben sich duldet und schon gar nicht eine eigene substanzielle Instanz des Bösen neben sich gewährt. Entweder ist also das Böse, was uns heimsucht oder was wir selbst tun, nur scheinbar böse, weil es aus der Liebe Gottes geschieht, die im Grunde im absolut Guten gründet, aber uns unverfügbar bleibt. Oder das Böse ist im Willensakt Gottes nicht ausgeschlossen. So wäre zumindest denkbar, dass Gott uns nicht nur nicht liebt, sondern in äußerster Ablehnung dieser Liebe, uns hassen könnte. *Gott hasst uns alle.* Das ist der Titel eines Buches von Hank Moody. In der US-amerikanischen Serie *Californication* von Tom Kapinos, die von 2007 bis 2014 (mit sieben Staffeln) anlief, geht es um diesen fiktiven New Yorker Schriftsteller, der mit seiner (zwölfjährigen) Tochter (Becca) und ihrer Mutter (Karen), die zugleich seine große Liebe ist, aber sich in einer Beziehung mit einem anderen Mann befindet, in Los Angeles lebt. Los Angeles dient als attraktive Kulisse der Serie, die zugleich als Kontrast zu den Figuren der Serie zu sehen ist. Schön, warm und unbeschwert ist allein der Schein, in dem sich die Menschen zeigen, die allesamt dieser entzückenden Fassade widersprechen. Jede Figur hat ihre Schatten, ihre Abgründe und ihre Kälte. Der Titel *Californication*, der an ein Album und ein Lied der Musikband *Red Hot Chili Peppers* erinnert, will sicherlich an den kulturellen Verfall des Westens, den auch die Crossover-Band thematisiert, anspielen. Zudem lässt sich *Californication* schlicht als Kalifornisierung verstehen – im Sinne der Bevölkerungsausdehnung kalifornisch stämmiger Amerikaner:innen in den umliegenden Gebieten, die seit den 1950er Jahren so benannt wurde. Das Wort selbst ist ein Portmanteau und setzt sich zusammen aus dem Namen des US-Bundesstaat Kalifornien: California und dem englischen Wort *fornication* (Unzucht). In *Californication* selbst wird die Handlung der Serie am besten beschrieben, wenn es dort heißt: »Es geht um einen Kerl, der zusammenhalten will, was auseinanderfällt. Es geht um das

---

[15] Aṭ-Ṭaḥāwī, A. I. M.: ʿAqīda ṭaḥāwīya al-musammāt bayān as-sunna wa-āl-ǧamāʿa. Beirut 1990, S. 22; vgl. auch al-Ašʿarī, A. ʿA. b. I.: Maqālāt al-islāmīyīn wa-ḫtilāf al-muṣalīn. Hg. v. H. Ritter. Wiesbaden 1963, S. 293.

Der begehrende Mensch

Leben, Liebe, Sex und die Allgegenwart des verdammten Sensenmanns. Es geht um Menschen, Ehefrauen, Ehemänner, Väter und Töchter. (...) Es geht um die dunkele Seite.«[16] Die *dunkle Seite* ist nicht einfach sichtbar. Sie ist vielmehr im Geflecht zwischen den Menschen erkennbar. Die intensive Wahrnehmung dieser dunklen Seite ist in biblisch-koranischen Figuren eingeschrieben, die uns nicht vorgestellt werden, als wären sie unerreichbare Instanzen des absolut Guten, sondern fehlbare, ambivalente Menschen.[17] Insofern können wir uns mit ihnen identifizieren, uns für sie öffnen, weil sich gerade in dieser Ambivalenz menschlicher Konstitution die Gegenwart Gottes kundtut. Menschliches Leben vollzieht sich demnach im Angesicht eines einzigen Gottes, dessen Wirkweise uns unverfügbar bleibt. Und unser Glaube kann daher nicht darin bestehen, das Böse zu vernichten, es aus unserem Leben fernzuhalten, sondern einzusehen, dass sich gläubiges Leben dadurch artikuliert, mit dem Bösen zu leben. Der Glaube ist daher nicht allein dem Guten gewidmet, sondern er stellt zugleich eine bleibende Beziehung zum Bösen dar. Überhaupt wird im Koran die Neigung zum Bösen als eine seelische Bestimmung des Menschen beschrieben, dass seine Seele das Schlechte gebiete,[18] dass seine Seele zur Habgier neige,[19] dass seine Seele zum Bösen verführbar sei.[20] Diese Neigung zeige sich im Begehren, in der Gier. In der menschlichen Seele sei das inhärente Bestreben eingeschrieben, begehrlich zu sein. Das Leben des Menschen vollzieht sich demnach aus der Ambivalenz des Guten und Bösen. Die dunkle Seite gehört zum Menschen. Aber inwiefern? Die große Erzählung einer heilen Welt, einer gerechten Welt, einer durch und durch guten Welt darf als eine infantile Utopie betrachtet werden, weil sie mehr einer trans- und posthumanen Weltfantasie nahekommt, als einer dezidiert humanen Welt, die auf Grund ihrer humanen Grundlegung, ambivalent bleibt. Ist es aber nicht gerade religiös geboten, eine vortreffliche Welt, eben die beste aller möglichen Welten zu kreieren, indem allein das Gute vorherrscht – sozial, spirituell und individuell? Theoretische Überlegungen für eine derartige heile Welt, absolut gerechte Gesellschaft etc. sind im islamischen Kontext bereits bei Al-Fārābī zu entdecken, indem er durch philosophisch-gesell-

---

[16] Vgl. Rollenstudium. Beth McCarthy Miller. USA. 22 Min. Aus: Californication. Tom Capinos. USA 2007–2014. Showtime. Vierte Staffel, 6. Episode. TC: 23:37–23:50.
[17] Vgl. hierzu Karimi, A. M.: Die Pflicht, Kinder Abraham zu sein, in: Eulenfisch. Limburger Magazin für Religion und Bildung. Heft 23: Widerstand und Demut. 2019, S. 42–47.
[18] Vgl. Koran 12:53.
[19] Vgl. Koran 4:128.
[20] Vgl. Koran 5:30.

schaftspolitische Überlegungen Grundprinzipien einer vortrefflichen Stadt (*al-madīna al-fāḍila*) zu erarbeiten versucht.[21] Dagegen zweifelt Ibn Bāǧǧa[22] in seiner Schrift *Tadbīr al-mutawaḥḥid* (*Lebensführung des Einsamen*), ob es überhaupt einer ernsthaften Überlegung wert sei, die Möglichkeit einer solchen vortrefflichen Stadt zu erwägen, weil sie eher an das Narrativ des Jenseits erinnert, wo es weder Ärzte und Richter geben soll[23] und »jedem Menschen das Beste gegeben wird«[24]. Diese Utopie dürfte nicht einmal diesen Namen verdienen, denn sie erfüllt nicht die Bedingung dieser Welt, aber sie erweckt diesen Eindruck, deren Abart in den extremistisch-fundamentalistischen Bestrebungen sichtbar ist, eine Welt schaffen zu wollen, die rein von allem »Übel« sein soll.[25] Daher ist der Hinweis von Ibn Bāǧǧa bemerkenswert, dass die vollständige Abwesenheit jedes Übels (Krankheit, Ungerechtigkeit, Missgunst, Gewalt etc.) auf das Paradies anspiele, d.h. bestenfalls eine eschatologische Setzung sei. Die Serie *Californication* zeigt weder das Paradies noch die Hölle, sie zeigt nicht einmal »unsere« Welt. Sie zeigt vielmehr einen Glauben an unsere Welt, indem die Hölle und das Paradies ineinandergreifen, worauf das Plakat der ersten Staffel dieser Serie anspielt, indem es Hank Moody in einem Garten zeigt, wo er nackt wie Adam steht, während auf seiner Schulter eine Schlange wacht, und er einen abgebissenen Apfel gerade hochwirft. Die Anspielung auf die Ursituation des Menschen im Garten Eden, wie wir sie aus den biblisch-koranischen Narrationen kennen, ist mit Händen zu greifen. Aber der dunkle, begehrliche Blick des Protagonisten, die Konstellation der Symbole widersprechen der dichotomen Trennung von Gut und Böse, sodass das Paradiesische rein teuflisch ans Licht gebracht wird.

---

[21] Vgl. On the Perfect State (Mabādi' ārā' ahl al-madīnat al-fāḍilah). Revised Text with Transl., and Commentary by R. Walzer. Reprint: Chicago 1998. Vgl. hierzu Rudolph, U.: Abū Naṣr al-Fārābī: Die Prinzipien der Ansichten der Bewohner der vortrefflichen Stadt. Berlin 2022.
[22] Zu Ibn Bāǧǧa vgl. Dunlop, D. M.: Remarks on the Life and Works of Ibn Bājjah (Avempace), in: Proceedings of the Twenty-Second Congress of Orientalists held in Istanbul 1951. Bd. 2. Ed. by Z. V. Togan, Leiden 1957, pp. 188–196.
[23] Ibn Bāǧǧa, A. B.: Die Richtschnur des Einsamen, in: ders. (Avempace): Die Richtschnur des Einsamen. Über das Ziel des menschlichen Lebens. Über die diesseitige und die jenseitige Glückseligkeit. Arabisch – Deutsch. Übers., mit einer Einleitung u. kommentierten Anmerkungen hg. v. F. Schupp. Hamburg 2015, S. 202–204.
[24] Ebd., S. 203.
[25] Stellt dies aber nicht exakt die Maxime des religiösen Lebens dar? Vgl. hierzu Al-Ġazālī, A. Ḥ.: Das Kriterium des Handelns. Mīzān al-ʿamal. Aus dem Arabischen übers., mit einer Einleitung, mit Anmerkungen u. Indices hg. v. ʿA. ʿA. Elschazlī. Darmstadt 2006, S. 111.

Der begehrende Mensch

Insbesondere zeigt sich diese dunkle Seite im Lebensvollzug von Hank Moody. Er liebt Karen, er liebt Becca, und er liebt das Schreiben. Aber er schafft es nicht, mit Karen zusammen zu bleiben, für ihre gemeinsame Tochter ein würdiger Vater zu sein, und er kann nicht mehr schreiben. Damit verkörpert er in mehrfacher Hinsicht die Krise eines Menschen, dessen Leben ihm zu entgleiten droht. In der Serie geht es weniger um die Innenwelt dieses Mannes; vielmehr wird seine Haltung zu seiner Lebenskrise dargestellt. Die Liebe zu Karen, zu Becca und zum Schreiben sind dabei Konstanten, die sich nicht ändern – während sich sonst alles verändert.

Hank Moody tut alles, um mit dem Schmerz, von dem er sich nicht lossagen kann, nicht in Berührung zu kommen. Insofern stellt Moody eine Antifiguration von Maǧnūn dar, dem Protagonisten einer klassischen orientalisch-islamischen Liebesgeschichte aus dem 7. Jahrhundert.[26] Maǧnūn lebt in einer intensiven, besessenen, aber unglücklichen Liebe zu Leila.[27] Aufgrund des Trennungsschmerzens verliert er nahezu den Verstand und zieht sich in die Wüste zurück. Sein Vater wird ihn mit auf eine Pilgerreise nach Mekka nehmen, sodass er dort Heil findet: Am Tor der Kaaba angelangt, bittet ihn sein Vater, dass er um seine Erlösung flehen solle: »Sag diese Worte: ›Errette mich, [...], denn sieh, ich bin der Liebe unglückliches Opfer. Befreie mich vom Übel meiner Liebe!‹«[28] Doch Maǧnūn schlägt gegen das Tor der Kaaba und spricht: »Sie sagen zu mir: ›Trenne dich von der Liebe, weil dies der Pfad zur Genesung ist [...].‹ Aber ich bekomme Kraft durch die Liebe; und stirbt die Liebe, so sterbe ich auch. [...] Darum bitte ich dich, o Herr, und flehe dich an [...]: laß du meine Liebe noch immerfort wachsen, laß sie dauern, auch wenn ich selber vergehe! Gib mir zu trinken von diesem Quell, und laß niemals mein Auge dieses Licht verlieren! Wenn ich vom Liebeswein betrunken bin, so mache mich noch betrunkener, als ich es bin!«[29] Maǧnūn brennt und schließlich verbrennt er in und aus dieser Liebe. Doch Moody verkörpert deshalb eine gegensätzliche Liebesfigur,

---

[26] Zu Maǧnūn als einer historischen Figur vgl.: Sezgin, F.: Geschichte des arabischen Schrifttums, Bd. 2 (Poesie). Leiden 1975, S. 389f. und Krackovskij, I. J.: Die Frühgeschichte der Erzählung von Macnun und Lailā in der arabischen Literatur. Übers. v. H. Ritter. Leiden 1955.
[27] Vgl. hierzu Khairallah, A. E.: Love, Madness and Poetry (An interpretation of the Maǧnūn legend). Beirut 1980.
[28] Gelpke, R.: Nizami. Leila und Madschnun. Aus dem Persischen übers. und mit einem Nachtwort versehen. Zürich 1963, S. 52.
[29] Ebd., S. 53f.

als er im Begehren selbst Halt findet. Er begehrt, lebt exzessiv, regellos, aber der Rausch, den Maǧnūn in verzehrender Berührung mit Leila empfand, sucht Moody, um seine Lieben zu vergessen. Dieser Rausch ist von kurzer Dauer, aber er hat eine Dauer, weshalb er sich immer wieder und immer erneut von diesem Rausch angezogen fühlt. Doch diese Schmerzen machen sein Leben aus. Sein Leben hat diese drei Ankerpunkte, mit denen er Tag für Tag, von Augenblick zu Augenblick konfrontiert ist. Dabei sind ihm alle drei Schmerzformen durch ihre Abwesenheit gegenwärtig. Er ist Vater ohne Tochter, Liebhaber ohne die Geliebte und Schriftsteller ohne zu schreiben. Als Schriftsteller ist er erfolgreich, sein Buch »Gott hasst uns alle« wurde verfilmt. Durch diese Hollywood-Verfilmung ist er berühmt geworden. Aber die Verfilmung missinterpretiert sein Werk zu einer Schmonzette mit dem Titel »Eine verrückte Nebensache namens Liebe«. Dies verändert sein Verhältnis zu seinem Werk und dessen Wahrnehmung. Er hasst den Film, die Rezeption seines Werkes und damit auch die Liebe der Anhänger:innen, die den lieben, der er nicht ist und keineswegs sein will. Die theologische Vision ist dabei unverkennbar: Gott hasst uns, weil wir sein Werk pervertiert haben, aber mit ganzer Hingabe Ihm unsere Liebe kundtun, die er aber nicht annehmen kann, weil Er nicht der Gott sein will, für den wir ihn halten. Das biblisch-koranische Motiv ist kaum übersehbar: Abraham war bereit, seinen Sohn für seinen Glauben an Gott zu opfern. Doch die Frage drängt sich auf, ob der Ewige überhaupt dieser Gott sein wollte, der zuließe, dass Abraham seinen eigenen Sohn eigenhändig abgeschlachtet hätte. Und er hätte seinen Sohn abgeschlachtet – für Gott, d.h. genau: ausschließlich für seinen Gott, der dies von ihm forderte. Der Befehl war ihm genug. Doch die Liebe Abrahams zu Gott nach der vollzogenen Opferung wäre eben keine Liebe, sondern die tiefste Frage nach der Göttlichkeit eines solchen Gottes. Dieser Gott müsste demnach sein eigenes Werk hassen, denn dadurch hätte sich der Inhalt der Liebe in ihr Gegenteil verwandelt. Wäre dieser Akt als Geburt des Bösen begreifbar? Gott lässt Abraham nicht vollziehen, wozu er mit seinem ununterdrückbarem Drang bereit war. Er greift ein, um das Böse, vielleicht das Böse schlechthin abzuwenden, weil mit der tatsächlichen, vollzogenen Opferung seines Sohnes aus der hingebenden Liebe zu Gott vor allem die Negation seiner eigenen, natürlichen Liebe Wirklichkeit geworden wäre. Sein Begehren, seine schützende Liebe wird durch die Spannung, die mit dem Gottestrieb angezeigt ist, in Atem gehalten. Der Einbruch Gottes ins Leben Abrahams, den Sohn vor dem Messer des Vaters zu schützen, der sich ohne ein präzises Wissen, ohne eine zweckmäßige Finalität bloß auf die allgemeine Ausrichtung göttlicher Imperialkraft verlässt, verwandelt den Gottestrieb in Affirmation des weltlich Gezeugten. Der Befehl Gottes nimmt sich zurück, weil er die Zurücknahme des eigenen Willens bei Abraham negiert. Moody jedoch repräsentiert eben diese – zumindest theologisch betrachtet – pervertierte Unmöglichkeit. Seine Einsicht: Das Ganze ist das Böse. Die Selbstverständlichkeit, dass das Ganze das Gute sei, weil es letztlich von Gott erschaffen und von ihm getragen sei, wird hier radikal in Frage gestellt. Es ist der Glaube an diesen allmächtigen Gott, den Hans Jonas nicht glaubhaft findet,[30] der aber Moody als Menschen gänzlich in Anspruch nimmt, weil dieser Gott alles verändern kann, wenn er es wollte, aber es nicht tut, weil er es nicht will. Kein Unglaube trägt sein Dasein, sondern der Glaube, der sich intentional verrückt hat. Dieser Glaube verändert sein Selbstverhältnis, verwandelt sein Weltverhältnis, indem er den Selbst- und Weltbezug Moodys in einem eigenen zynischen Gottesverhältnis verankert. Was im Glaubensmodus überhaupt verankert ist, zeigt sich in diese filmisch-seriellen Narration in besonderer Weise, dass der Mensch im Glauben seine Selbstverständlichkeit verliert. Ist das selbstverständliche »Band des Menschen mit der Welt zerrissen«[31], wie Gilles Deleuze annimmt, so wird dieses Band selbst zum Gegenstand der Reflexion und zugleich des Glaubens, eines Glaubens »zweiter Ordnung«[32]: »es ist das Unmögliche«, so Deleuze, »das nicht anders als in einer Glaubenshaltung zurückkehren kann«[33]. Dieser Glaube, liest man ihn im genuin islamischen Kontext, stiftet deshalb Innerweltlichkeit, weil er sich nicht auf Gott bezieht, ist doch Gott kein intentional gegebener Gegenstand der Welt, sondern »urständlich«, um es im Diktum von Schelling auszudrücken.[34] Daher stellt der Glaube immer den Glauben an den Glauben dar, genauer: der Glaube besteht darin, dass Gott selbst meinen Glauben (an Ihn selbst) stiftet. Er versiegelt die Herzen und öffnet sie für sich.[35] Der Weg zu Gott zeigt sich in Wahrheit als einen Weg von Gott her. Für Deleuze wird dieser Glaube durch den Film generiert: »Von daher ist es notwendig, dass das Kino nicht die Welt filmt, sondern den

---

[30] Vgl. Jonas, H.: Der Gottesbegriff nach Auschwitz. Eine jüdische Stimme. Frankfurt a.M. 1987.
[31] Deleuze, G.: Das Zeit-Bild. Kino 2. Frankfurt a.M. 1997, S. 224.
[32] Ebd.
[33] Ebd.
[34] Vgl. Schelling, F.W.: Der Monotheismus, in: ders.: SW. Abt. 2, Bd. 2. Hg. v. K. F. Schelling. Stuttgart/Augsburg 1857, S. 120.
[35] Vgl. u.a. Koran 7:101.

Glauben an die Welt, unser einziges Band [...]. Uns den Glauben an die Welt zurückzugeben, das ist die moderne Macht des Kinos«[36]. Der Film und insbesondere die Serie sind mithin nicht das Abbild der Welt als einer Welt zweiter Ordnung, sondern: »Es ist die Welt, die aus dem Kino entsteht«[37]. Insofern also der Film nicht als Medium der Repräsentation aufgenommen wird, um bloß eine Perspektive auf die Welt wiederzugeben, sondern selbst in Bildern und Tönen, aber auch im Zurückhalten der Bilder und Töne weltentwerfend, weltkonstituierend am Werk ist, kann hier von einer filmisch-seriellen Betrachtung die Rede sein. Was uns visuell affiziert, überwältigt, schockiert und verstört, zuweilen anwidert, entzieht sich zugleich unserer Verfügungsgewalt. Was filmisch-seriell artikuliert wird, geschieht nicht vor uns, sondern gleichsam an uns, mit uns – uneinholbar durch andere Medien und Instrumentarien (Begriffe, Zeichnungen, Musik...). »Der Mensch ist in der Welt wie in einer rein optisch-akustischen Situation«[38], konstatiert bekanntlich Deleuze. Wir bleiben aber nicht im Modus des bloßen und passiven Staunens, sondern das Staunen wird unser Staunen; wir werden angeregt zum Denken, Denken des Ungedachten, wie sich Deleuze ausdrückt. Die Äußerlichkeit des Filmischen dabei ist das eigentlich Innerliche. Denn in diesem Außen wird die Welt offenbar, die wir selbst zugerichtet haben. Diese »begriffslose Differenz«, weil sie sich einer intentionalen Erfassung entzieht, avanciert zu einer Natur der Natur, zur unbegrenzten Vielfalt und unendlichen Zeit. Die filmisch-serielle Narration stiftet somit reine Bildlichkeit und reine Zeitlichkeit, sodass sich das eigentlich Unendliche als unendliche Vervielfältigung, Entfaltung und Differenzierung von Zeit Deleuze zufolge in unabschließbarer Prozessualität aus der Konfrontation zwischen Film und Denken ereignet. Moody als filmisch-serielle Figur avanciert zu einem Topos. Damit beginnt das Denken mit einem Außen, das sich unendlich differentiell darbietet, was Deleuze als Virtualität begreift und bestimmt. Das Virtuelle ist somit die sich als Außen realisierende Realität selbst. Der Glaube als Für-wahr-halten mit dem Herzen (*taṣdīq bi-qalb*) *und* Bekennen (*iqrār*), Bezeugen (*šahāda*) mit der Zunge (*bi-l-lisān*) ist somit immer performativ gegeben. Erst durch das entäußerte Bekennen, indem der Glaube von der stillen Innerlichkeit in das verlautbarte Außen dringt, ist der Glaube erst vollständig. Was sich außerordentlich darbietet, jenseits der Ordnung der Dinge an der Realität

---

[36] Deleuze, G.: Das Zeit-Bild. Kino 2. Frankfurt a.M. 1997, S. 224.
[37] Ebd.
[38] Ebd.

Der begehrende Mensch

partizipiert, genauer: sie mitentwirft, ist nicht erst die filmisch-serielle Inszenierung, sondern der Glaube selbst. Denn der Glaube bezieht sich grundlegend auf das Außerordentliche. Mit Moody wird nicht dieser Glaube sichtbar, sondern der Glaube an diesen Glauben. Darin scheint der eigentliche Reiz der filmisch-seriellen Narration zu liegen.

Hank Moody fährt einen Porsche 911 Cabrio. Aber der Porsche ist nie gewaschen, nie abgeschlossen. Er fährt Porsche entgegen den Stereotypen eines üblichen Porschefahrers. Sein Porsche trägt eine subtile Staubschicht auf seiner Oberfläche, als wollte er nicht seine wahre »Haut« zeigen. Hank Moodys offener Porsche mit einem kaputten Scheinwerfer trägt ihn überall hin, er ist sein (Un-)Zuhause. Er hat nicht nur Stil, sondern repräsentiert seinen Lebensstil. Und als Hank Moody später einen neuen Porsche übernimmt, schlägt er selbst einen der Scheinwerfer ein. Das Auto deutet auf ihn, zeigt seine innere Haltung, dass sich nichts ändert, dass nichts unversehrt ist, dass es nichts Reines gibt. Damit ist auch eine subtile religiöse Haltung zu entdecken. Obgleich die Rede von der »Reinigung der Seele von den bösen Handlungen« die, wie der muslimische Theologe al-Ġazālī es ausdrückt, »durch Begierde und Zorn hervorgerufen wird«[39], omnipräsent ist, ist die Idee einer völlig gereinigten Seele unmöglich. In der religiösen Narration stellen Gläubige eine Mittelposition dar, sodass sie weder völlig gereinigte, engelhaft Heilige darstellen, noch sind sie völlig dem Bösen verfallen; vielmehr befinden sie sich, wie Rūmī es ausdrückt, »im Kampf, und das sind diejenigen, die in sich Schmerz und Sorge, Klage und Sehnen verspüren; sie sind mit ihrer Lebensart nicht zufrieden. Das sind die Gläubigen.«[40] Hank Moody reinigt nichts. Das Unaufgeräumte, das Verpasste, das Ungereinigte werden von ihm kultiviert. Chaos macht sein Leben, seinen Lebensstil aus. Jeder Versuch der völligen Reinigung, der letzten Klärung, der Klarheit schlägt bei ihm in eine neue tiefere Unordnung um. Es gibt bei ihm, wie es für die spirituelle Tradition des Islams den Regelfall darstellt, kein Außerhalb der Krise.

Hank Moody ist in einer Dauerkrise. Diese Krise trägt er vor sich hin. Sie ist ihm ins Gesicht geschrieben. Und er findet allmählich Gefallen daran. Er ist hot-cool, gelangweilt, in allem und mit jedem abwesend, bittersüß, geistreich, ironisch, sexy und sexistisch, hedonistisch, sarkas-

---

[39] Al-Ġazālī, A. Ḥ.: Das Kriterium des Handelns. Mīzān al-ʿamal. Aus dem Arabischen übers., mit einer Einleitung, mit Anmerkungen u. Indices hg. v. ʿA. ʿA. Elschazlī. Darmstadt 2006, S. 110.
[40] Rūmī, Ǧ. M.: Von Allem und vom Einen. Aus dem Persischen u. Arabischen v. A. Schimmel. Kreuzlingen/München 2011, S. 159f.

tisch und vor allem zynisch. Vor diesem Hintergrund erscheint er als Protagonist und Antagonist in einem. All diese »Tugenden« kreisen um seine Krisen, die um ihn herum immer mehr eine Leere entstehen lassen. Die Abwesenheit, die Leere, die ihn umgreift, hat seine innere Landschaft, seinen Charakter erreicht, ihn entleert; und so ist es gerade diese Leere, die er nicht ertragen kann. Wo auch immer er ist, befindet er sich im Fluchtmodus, im Vorbeigang. Er flüchtet und flüchtet, auf ihn ist kein Verlass, sein Wort ist chronisch brüchig, sein Versprechen immer unhaltbar. Er liefert nicht das versprochene Manuskript, vergisst seine Tochter und enttäuscht Karen permanent. Verantwortung, überhaupt erwachsenes, besonnenes Verhalten ist ihm fremd. Eher spätpubertär vermittelt er den Eindruck, über alles zu stehen – über Konventionen, Regeln und Vereinbarungen. Sein Fluchtmodus gelingt aber nicht ganz, weil er eigentlich vor sich selbst fliehen will. Er kann aber nicht vor sich selbst fliehen. Im Grunde ist er immer im Überschuss da, und er bringt sich mit jedem Fehltritt, mit jeder Entscheidung ein Stück weiter weg von Becca und Karen. Mit diesem »Überschuss« lebt er Selbstzurücknahme, ja Selbstleugnung in einer derart intensiven Weise aus, dass sich diese mystische Tugend von innen umkehrt und immer mehr und drastischer zur Geltungssucht avanciert. Insofern kann Hank Moody als eine dezidiert dekonstruktive Figur betrachtet werden. Die unausgesprochene Einsicht dahinter ist deutlich: es gibt kein Falsches im Falschen.

Er entfernt sich immer mehr vom Schreiben, aber umso mehr kommt er seiner eigenen Person nahe, diesem begnadeten Schriftsteller, der nicht schreibt (bzw. nicht schreiben kann), der Person, die er kaum mehr im Spiegel betrachten kann. Der einzige Weg, den er sieht, vor sich selbst zu fliehen, ist für ihn er daher im Alkohol- und Drogenkonsum. Er raucht, nimmt Drogen und trinkt, trinkt und trinkt. Sich von seinen Dämonen zu befreien gelingt ihm dabei nicht, aber er kann sie vergessen, verleugnen. Wenn er Alkohol und Drogen kauft, dann kauft er in Wahrheit das Vergessen. Bekifft und alkoholisiert außer sich zu stehen stellt somit seinen Normal- und Idealzustand dar. Seine kühle, unerreichbare Art ist deshalb als ein künstlicher Schein anzusehen. Er spielt sich selbst so, dass der Schmerz, der ihn bedrückt, nicht bemerkt wird. Und zugleich betäubt er sich auch selbst, um diesen Schmerz nicht ertragen zu müssen. Er fühlt sich leer, weil er Sinnstiftung selbst ununterbrochen entleert.

Und sein Blick auf alles, wer und was ihn umgibt, ist von dieser Leere, die nicht selten vom Alkohol berauscht ist, bestimmt. Er lebt intensiv den nihilistischen Standpunkt, dass alles nichtig ist. Nichts hat für ihn einen Wert, nichts ist es wert, dass es nicht zugrunde gehen könnte. Nichts muss bestehen, weil in seinen Augen das Wesentliche vergeht, ihm entgleitet. Hank Moody, der an die verneinende Figur Mephistos aus Goethes *Faust* erinnert, verbirgt diese Haltung nicht. Im Gegenteil. Er lebt und beschwört seine abwertende Sicht der Dinge. Für ihn ist nichts heilig. Sein Prinzip: Sünde. Mit den Worten Mephistos könnte er über sich selbst sagen: »So ist denn alles was ihr Sünde, / Zerstörung, kurz das Böse nennt, / Mein eigentliches Element.«[41] Daher beginnt auch die erste Folge der Serie mit einer Szene, die zeigt, dass ihn eine Nonne in einer Kirche sexuell vergnügt. Die Szene ist nicht einfach blasphemisch. Sie bringt die grundsätzliche Haltung des Protagonisten zum Ausdruck, die darin besteht, die konventionellen Werte umzuwerten, zu entwerten oder in diesem Zusammenhang zu entweihen. Darin besteht auch die dezidiert postmoderne Note dieser Serie, die radikal nicht bloß die großen Erzählungen leugnet, sondern sie entwertet, deren Sinn in Unsinn verwandelt. In vieler Hinsicht erinnert aber der Charakter von Hank Moody an Oscar Wilde: beide sind Schriftsteller, beide sind unkonventionell (bisexuell) und das gemeinsame Prinzip des Lebens (und des Schreibens) der beiden: die Sünde. Hank Moody sagt selbst zu seinem Manager, als ihm gesagt wird, dass er Baudelaire, Bukowski und Oscar Wilde, alle zusammen in einem einzigen, verdammt talentierten Schriftsteller sei: »Merk dir das für meinen Grabstein.« Das teuflische Moment dabei verorten Moody und Wilde im Unterschied zu Goethes Faust-Mephisto-Paar nicht außerhalb des Menschen, als etwas, dass an den Menschen von außen herangetragen wird, sondern als etwas allzu Menschliches. Hank Moody schließt keinen Pakt mit dem Teufel, wie auch nicht Oscar Wilde und seine Romanfiguren. Sie alle zeigen aber, dass das Leben zu bewältigen, sich nicht anders vollziehen lässt, als ständig den moralischen Pakt mit sich selbst zu untergraben, der sie aufhält, der Lust nachzugehen. Leben ist Lust – um jeden Preis. Mit der Lust lässt sich der nicht vorhandene Sinn des Lebens in Unsinn verwandeln, der aber diese Sinnleere zelebriert, oder radikaler: genießt.

Selbst dann, wenn Böses geschieht, stellt sich keine moralische Einsicht, keine echte Reue ein, Oscar Wilde wird ins Gefängnis gehen, weil er wegen Unzucht verklagt wurde, nicht anders als Hank Moody, der wegen Verführung der Minderjährigen Mia ins Gefängnis gehen

---

[41] Goethe, J. W. v.: Dramatische Dichtungen I, in: Werke. Hamburger Ausgabe. Bd. 3. Textkritisch durchges. u. mit Anmerkungen vers. v. E. Trunz. München 1996, S. 47, V. 1338–1344.

muss. Oscar Wilde hat das Prinzip für Hank Moody bereits in seinem Roman *Das Bildnis des Dorian Gray* festgehalten: »Jeder Trieb, den wir zu unterdrücken suchen, schwelt im Innern weiter und vergiftet uns. Der Körper sündigt nur einmal und ist dann mit der Sünde fertig, denn Tat ist immer Reinigung. Nichts bleibt dann zurück als die Erinnerung an eine Lust oder die Wollust der Reue. Die einzige Art, eine Versuchung zu bestehen, ist, ihr nachzugeben.«[42]

Hank Moody hält sich niemals zurück, kann sich keiner Begierde enthalten.[43] Mit dieser Haltung soll der Schmerz nicht mehr gespürt werden. Doch der Schmerz ist kein äußerlicher Schmerz. Es ist der Schmerz, man selbst zu sein. Dieses Selbstverhältnis hat bereits der Philosoph Søren Kierkegaard als eine Form der Verzweiflung charakterisiert. Seine Strategie dagegen ist unmissverständlich ein hedonistischer Lebensstil, den er auf Lust und Begierde zurückführt. Hier fungiert die Begierde als Vermeidung des Schmerzes. So folgt er unbändig seiner sexuellen Gier. Er schläft mit jeder Frau, die ihm Beachtung schenkt. Und er verdirbt jede Beziehung, die er eingeht. Doch weder die schönen Frauen noch seine Beziehung zu ihnen hat für ihn eine Bedeutung. Aber diese Engführung des Lebens, das er auf ein Leben in Befriedung der Lust reduziert, scheitert. Die Serie erzählt das subtile Scheitern eines Menschen an sich selbst. Karen hingegen ist die einzige Frau, deren Körper Hank mit seiner Seele empfindet. Karen ist in seinen Augen nicht bloß der Gegenstand seiner Begierde, flüchtig, wie eine Droge, die ihn für einen Moment berauscht, sondern das Begehren selbst. Ihr Körper ist vergeistigt. In ihrer Gegenwart zittert er, jede Berührung von ihr trägt den Atem der Vergänglichkeit, weil er sein Leben in Beziehung zu ihr definiert, die er am meisten will, aber am wenigsten halten kann. Karen ist die Stimme der Vernunft und zugleich verkörpert sie das Scheitern der Vernunft gegenüber der Lust. Denn Hank ist vernunftresistent, unbelehrbar. Sein Begehren erzeugt selbst Schmerz, Enttäuschung und Verletzung. Und genau darin ist er faszinierend und ansteckend, weil er in dieser unbekümmerten Haltung eines spätpubertären Jungen mit einem lauten Mundwerk jede konventionelle Fassade, jedes künstliche Gesicht demaskiert.

Gehörnte Ehemänner, die ihn verprügeln, weil er ihre Frauen verführt hat, enttäuschte Frauen, die er zu einem Sexobjekt degradiert,

---

[42] Wilde, O.: Dorian Gray und andere Werke. Aus dem Englischen v. A. W. Fred. München 2021, S. 31.
[43] Exakt darin besteht aber das ethische Verhalten.

gehören zu seinem Alltag. Aber die zügel- und grenzenlose Einstellung, überall und fast mit jeder und jedem und in jeder Konstellation körperliche Vergnügung zu suchen und dieser nachzugehen, als würden dabei seine Seele, seine Umgebung, letztlich seine Karen und Becca davon unberührt bleiben, scheitert. Er enttäuscht unaufhörlich seine Tochter, die seine Herzensstärke und zugleich seine größte Schwäche darstellt. Becca hat diesen Vater früh durchschaut, aber kann selbst als sie erwachsen ist, nicht damit umgehen, weil ein derartiger Charakter dem Vatersein widerspricht. Er verletzt immer wieder Karen, weil er ihr keine Treue halten kann. Er verzweifelt an seinem Unvermögen. Aber gerade seine Haltung zu Karen zeigt es deutlich, dass es ihm um das Begehren selbst geht, genauer: um die Aufrechterhaltung des Begehrens. Denn dem Begehren wohnt das Moment des prinzipiellen Mangels inne. Indem er Karen nicht hat, mit ihr nicht endgültig vereint ist, kann er sie begehren, sein Begehren nach ihr aufrechterhalten. Der Mangel bleibt unaufhebbar, unerreichbar. Diese Begierde trifft ihn am intensivsten. Er leidet immerfort an dieser schrecklichen Begierde, die er aber vergöttert. Bereits Vergil sagte einmal: »Die eigene schreckliche Begierde wird einem jeden zum Gott.«[44] Karen könnte seinen zynischen Glauben, seine in Lust übersetzte, selbstzersetzende Lebensführung, seine nihilistische Haltung verändern, ihn mit einer überwältigenden Sinnfülle berühren, aber Moody scheint das Begehren in Schmerz überführt zu haben, sodass er allein von Zeit zu Zeit sich diesem »Gottesmoment«, Karen, öffnet, um dann in Begegnung mit ihr sich selbst zu leugnen.

Aus Verzweiflung nimmt er einen Blogger-Job beim *Hell-A Magazine* an, ohne zu ahnen, dass dessen Verleger Bill mit Karen liiert ist. Er hat er zudem noch einen One-Night-Stand mit Bills 16-jähriger Tochter Mia. Erneut interessieren Hank die Konsequenzen seiner Entscheidungen und Taten nicht. Die Radikalität der präzisen Gerichtbarkeit, die sonst allein religiös in dieser Intensität eschatologisch eingeholt ist,[45] wird ihn heimsuchen. Die Serie zeigt, dass eine jede seiner Entscheidungen, eine jede seiner Taten ihn einholt, ihn zur Konsequenz zwingt. Und als er nach dem Tod seines Vaters endlich seine Schreibblockade überwindet, indem er am Entwurf eines neuen Buches (*Fucking and Punching*) arbeitet, welches sein Verhältnis mit Mia thematisiert, entwendet Mia den Entwurf und macht daraus eine eigene Version, ein eigenes Werk. Hank kann dagegen nichts machen, weil Mia ihn erpresst, bekannt zu machen, dass

---
[44] Vergil: Vergil: Aeneis. Hg. u. übers. v. N. Holzberg. Berlin/Boston 2015, Buch 9, V. 185.
[45] Vgl. u.a. Koran 4:40; 99:8.

er Sex mit einer Minderjährigen gehabt hat. Er hat wieder nichts im Griff. Aber die Unverfügbarkeit seiner Situation gehört zu ihm. Die Frage der Serie ist, ob Hank der Begierde nicht widerstehen kann oder dem Bild von sich selbst, dass er der Begierde nicht widerstehen soll. Die Spannung jedenfalls nimmt immer mehr zu. Er verwickelt sich immer mehr in Konstellationen, die eine Eigendynamik gewinnen und die ihn Schritt für Schritt in die Enge treiben.

Sein Streben nach Glück scheitert, weil er, wie es Aristoteles annimmt, ausschließlich aus Leidenschaft ($κατὰ\ λόγον$) lebt und nicht dem Verstand ($κατὰ\ λόγον$) folgt.[46] Denn aus der Leidenschaft zu leben heißt nach einer Begierde zu trachten, die in Wahrheit den Menschen in ihren Fängen hält, ihn versklavt.[47] Seine Selbstbehauptung entfaltet sich gerade im Genuss des Augenblicklichen. Er scheint kein Mitgefühl, keine Solidarität zu haben, wenn es um seinen Genuss, seine Lust geht. Gerade weil die Hauptfigur nicht wie ein Widerling wirkt, weil er mit viel Charme das Unanständige ständig praktiziert, verleiht er dem Bösen ein »sympathisches« Gesicht. Er wirkt nicht bösartig, sondern eher unbeholfen, weil er alles dafür tut, dass man ihm abnimmt, dass er nicht anders kann. Kann er anders?

Das Böse zeigt sich in seinem Fall nicht als ein Monströses, sondern als etwas zutiefst Menschliches, weil der Mensch, wie Kant es bekanntlich differenziert, nicht nur ein Vernunftwesen, sondern auch ein Wesen mit empirischen Neigungen und Bedürfnissen ist.[48] Moody kennt keine Pflicht und nicht das Verhältnis von der Pflicht zur Neigung. Durch die Einsicht in die moralische Pflicht, die in seine Freiheit, in seinem freien Willen gründet, könnte sich ihm erst das Gute erhellen, indem er seine Entscheidungen und Handlungen in Verantwortung vollziehen würde. Er will nicht das Böse, was er bewirkt, weil er kein Kriterium für die Unterscheidung von gut und böse kennt. Und genau dies scheint ein bedeutendes Element des Bösen zu sein. Durch das Fehlen eines Kriteriums für das Böse nimmt er sich die Möglichkeit,

---

[46] Vgl. u.a. Aristoteles: Ethica Nicomachea. Ed. I. Bywater. Oxford 1894 (repr. 1962), 1095a7–11.
[47] Vgl. ebd., 1095b19. Vgl. auch Al-Ġazālī, A. Ḥ.: Das Kriterium des Handelns. Mīzān al-ʿamal. Aus dem Arabischen übers., mit einer Einleitung, mit Anmerkungen u. Indices hg. v. ʿA. ʿA. Elschazlī. Darmstadt 2006, S. 125.
[48] Vgl. hierzu z.B. Kant, I.: Kritik der reinen Vernunft (1. Aufl.). Prolegomena. Grundlegung zur Metaphysik der Sitten. Metaphysische Anfangsgründe der Naturwissenschaft. AA. Bd. 4. Hg. v. der Königlich Preußischen Akademie für Wissenschaften. Berlin 1903, S. 452.

frei und verantwortungsvoll gegen seine unmittelbaren Neigungen und Begierden zu entscheiden. Er verhält sich vielmehr so, als wäre er gezwungen, schwach zu sein, Opfer seiner eigenen Triebe zu sein, indem er sich von den unmittelbaren Antrieben leiten lässt, die immer auch partielle, vergängliche Befriedigung bedeuten. Böse ist hier der Schein der Konflikt- und Alternativlosigkeit und der Mangel an Willen zum Guten. Erst durch den inneren Kampf jedoch, wie er/dies auch im Kontext des Islams hervorgehoben wird, kann sich der Mensch im Guten üben. Man kann *Californication* als eine Serie betrachten, die sich gegen einen rigiden Moralismus auflehnt. Doch die Instabilität einer solchen Betrachtung besteht darin, dass sich Glück – wie bei Hank Moody – nicht jenseits der Moral finden lässt, sondern in Auseinandersetzung mit ihr. Naiver Hedonismus lässt das Leben nicht als die Summe der vielen Glücksmomente leidenschaftlicher, genüsslicher Art erscheinen, sondern als die große Flucht vor dem Glück, das bei Hank Moody Karen und Becca heißt, dessen bloße Anwesenheit Schmerz bedeutet, weil es vergänglich, weil es verwundbar, weil es unverfügbar ist, weil es Arbeit, Sorgfalt, Zurücknahme des eigenen Willen fordert. Und doch zeigt sich die Revolte, die Moody repräsentiert, als eine existentielle Revolte gegen eine moralisierende, aber in Wahrheit leere Welt, in der Liebe erfahrbar, aber nicht lebbar zu sein scheint, in der Gott anwesend ist, aber mit Unwillen.

Im Laufe der Zeit verkomplizieren sich die Charaktere. Becca wird allmählich erwachsen und selbst Schriftstellerin. Und Hank Moody? Am Ende der Serie wird der Eindruck vermittelt, dass Hank Moody dazugelernt hat und sich ändert. Aber dieses scheinbare Happy End lässt sich als eine serielle Selbstironie auffassen. Eine Erlösung ist für Hank Moody nur dann gegeben, wenn er aufhört zu sein, wer er ist. Dieses Aufhören wird dadurch suggeriert, dass er erstens Kalifornien verlässt und wieder nach New York zurückkehrt. Zweitens gesteht er Karen seine wahren Gefühle, die er in einem Brief zum Ausdruck bringt, den aber Karen nicht lesen will. Hank trägt ihr daher den Brief im Flugzeug vor. Er spricht nicht zu Karen, sondern liest ab, was er für sie geschrieben hat. Dadurch ist er der Leser seines eigenen Briefes, seiner eigenen Gefühlswelt, an der Karen teilhaben darf. Drittens springt sein Porsche nicht mehr an. Er verlässt ihn. Dies dürfte das wichtigste Symbol seiner Verabschiedung von sich selbst sein. Er ist aber keineswegs moralisch geläutert, aber durchaus unmoralisch gereift. Insofern hat er nichts dazugelernt, sondern sich mit seiner Unfähigkeit, nichts dazuzulernen, versöhnt. Karen nimmt seine Worte an, als würde sie mit ihm den

Augenblick verewigen wollen, der im nächsten Augenblick verloren sein wird. So klingen die Worte Karens nach, mit denen sie in der zweiten Episode der zweiten Staffel Moody gegenüber leise gesteht: »Ich liebe dich auch, aber was ist, wenn das nicht reicht?!«[49] Hier zeigt sich das eigentlich Tragische, weil es die höchste Antwort und Erlösung vom Bösen, vom Scheitern, vom Verfehlen, eben die Liebe selbst nicht genügt.

---

[49] Der große Ashby. Michael Lehmann. USA. 25 Min. Aus: Californication. Tom Capinos. USA 2007–2014. Showtime. Zweite Staffel, 2. Episode: Der große Ashby. TC: 27:02–27:10.

Maryam Palizban
Performativität des Bösen
Die Trennung von Gut und Böse in Taʿziya als ein schiitisches Theater-Ritual

Abstract
Die Figur des Märtyrers ist in der schiitischen Tradition durch die Ereignisse des Jahres 680 n. Chr. in Karbala geprägt, als Ḥusayn, der Enkel des Propheten Mohammad, mit seiner Familie und seinen Anhängern getötet wurde. Kurz danach wurde Ḥusayns Schicksal und die Tradition der Trauerrituale um seinen Tod zu einem Hauptelement der Protestbewegungen in der ganzen islamischen Welt, besonders bei den nicht-arabischen Muslimen, die unter der Macht der damaligen Kalifen standen. Mit dem politischen Erfolg und der kulturellen Macht der Schia in den Ṣafawīden-Ära (1501–1722) beginnt die Fiktionalisierung der Ereignisse von Karbala und die Transformation von einem Trauer-Opfer-Ritual in ein Theater-Ritual des Märtyrertums (Taʿziya), das bis heute als zentrales öffentliches Ereignis in den Trauermonaten aufgeführt wird.

Das Martyrium wird in Taʿziya als ein performatives Phänomen gefasst, das mehr mit der kulturellen Präsenz des Märtyrers als mit dessen Behandlung auf der textuellen Ebene zu tun hat. Mit der Zuspitzung des Themas Mord und seiner Darstellung in Taʿziya werden die Begriffe des Märtyrers und des Bösen neu interpretiert und von Grund auf innerhalb der performativen Ebene definiert. Der Text untersucht die Trennung von Gut und Böse in Taʿziya als einem schiitischen Theater-Ritual als Aspekt der Performativität.

Taʿziya wird seit fast 400 Jahren im Iran aufgeführt und ist eine rituelle Theaterform, die in der islamisch-schiitischen Religion verwurzelt ist, sich aber über das religiöse Ritual hinaus entwickelt hat. Diese Theaterform wurde erst im Iran und dann in fast allen schiitisch geprägten Ländern wie beispielsweise im Irak, im Libanon und in Bahrain gespielt. Aber die am weitesten entwickelte theatralische Form wird noch immer im Zentral-Iran aufgeführt. Diese Aufführungspraxis umfasst mehrere Dutzend Darsteller, Kinder und lebende Tiere.

Der Begriff Ta'ziya wird hier in Abgrenzung von der Gesamtheit der Trauer-/Opferrituale und der Prozessionen rund um die Trauermonate *Muḥarram* und *Ṣafar*, die in der Forschung häufig auch unter die Bezeichnung Ta'ziya fallen, verwendet. Es geht mir hier ausschließlich um die ritualisierte theatralische Aufführung, die an bestimmten Orten und zu bestimmten Zeiten stattfindet, als ein »Ereignis, das sich vollzieht«.[1]

Ḥusayn und Shimr, Das Gute und das Böse, 2011[2]

Die Trauer ist der Code, der den Zuschauer vom passiv Trauernden zum interaktiven Mitspieler macht (sog. »leibliche Ko-Präsenz von Akteuren und Zuschauern«[3]). Trauer und deren Ursache wird durch Fiktion – eine Konstruktion aus Erzählung und Darstellung der Inhalte – ins Bild gesetzt. Diese Inhalte sind in dem geschaffenen Raum des Theatralen

---

[1] Hermann, M: Das theatralische Raumerlebnis, in: Raumtheorie – Grundlagentexte aus Philosophie und Kulturwissenschaften. Hg. v. J. Dünne und S. Günzel. Frankfurt a. M. 2006, S. 153.
[2] Alle Fotos von Foad Khaknejad, Meysam Karimpour. ©Copyright Maryam Palizban.
[3] Fischer-Lichte, E.: Ästhetik des Performativen. Frankfurt a.M. 2004, S. 45.

Figuren und Objekte des Theaters, die durch die Aufführung auf den Schauplatz gestellt werden. Den Zuschauern sind vor der Aufführung nicht nur die Figuren und ihre Geschichten, sondern auch die verwendeten Requisiten bekannt. Das wichtigste verbindende Gefühl und die Reaktion, auf die sich die Zuschauer in der *Takye* – der Raum, in dem die Taʿziya-Aufführung stattfindet – vorbereiten, ist die Trauer. Sie verbindet jeden Einzelnen mit der Gesamtheit einer Taʿziya-Aufführung. Eine weitere gemeinsame Grundlage ist die ursprüngliche Bedeutung des Wortes »Taʿziya« für Trauer.[4]

In einem stärker philosophischen Kontext schreibt Henry Staten in seinem Buch *Eros in Trauer*:

> Die Phänomene der Dialektik des Trauern entstehen alle aus dem Affekt der Bindung an das Selbst, welches mit Freud als narzisstische libidinöse Besetzung an das Selbst oder mit Augustinus als die Sehnsucht der Seele nach der Einheit mit sich selbst beschrieben werden kann.[5]

Die Entstehung von Trauer in der Taʿziya lässt sich auf einer primären und einer sekundären Ebene beschreiben. Schon bei der Verwendung des Begriffs des »Primären« wird das erste oder notwendige Gefühl angedeutet, das die Zuschauer in sich tragen, wenn sie den Theaterraum betreten. Ein wesentlicher Begleitumstand ist, dass die wichtigsten Taʿziya-Aufführungen in den Trauermonaten Muḥarram und Ṣafar stattfinden. Dadurch wird eine affirmative Melancholie (Freud) als Atmosphäre[6] produziert, ein Element des Primären, das als Wahrnehmungsbestandteil im Raum des Theaters steht.

Die sekundäre Ebene der Trauer, baut sich im Laufe der Aufführung erst auf. Diese Trauer betrifft eine ästhetische Erfahrung, die sich einerseits mit *Kunst* und anderseits mit *religiösen Wahrnehmungen und sozialen Praktiken* auseinandersetzt. Diese sekundäre Trauer ist selbst ein Produkt des Bühnengeschehens. Sie wird in einem festen, aber improvisierbaren System der theatralischen Zeichen geschaffen und bringt als Resultat aktive und passive Nachwirkungen hervor. Hier wird die

---

[4] Obwohl Taʿziya in der persischen Sprache mit den Theaterritualen der Schia verbunden ist, bedeutet das Wort in der arabischen Sprache aber »Tröstung« und »Beileidsbekundungen« (Navid Kermani), oder »Trauern« (Peter Chelkowski).
[5] Staten, H.: Eros in Trauer, Von Homer zu Lacan. Hg. v. G. Hofmann, aus dem Englischen von Viktoria Harms. Tübingen/Basel 2008, S. 30.
[6] »Die Atmosphäre ist die gemeinsame Wirklichkeit des Wahrnehmenden und des Wahrgenommenen.«, aus: Böhme, G.: Atmosphäre. Essays zur neuen Ästhetik. Frankfurt a. M. 1995, S. 34.

ästhetisierte geschichtliche Trauer durch ihre Objekte, die durch einen theatralen Akt umgedeutet wurden, unmittelbar zu Melancholie, als Zeichen von Passivität, oder zu Trauerarbeit mit individuellen Interessen bis zur Entstehung von Widerstand mit aktiver Nachwirkung.[7] Trauer ist eine Konstitution von *Leiden* und *Unzufriedenheit*, die sich *überwinden* lässt. Die Art der Überwindung entsteht in der Auseinandersetzung mit der Trauer selbst: Nach Überwindung wird gestrebt, sei es »in der fatalistischen Bejahung oder revolutionären Verneinung des entfesselten Fortschritts«[8] (Hegel, Lukàcs) oder »in einer Versöhnung mit der Übermacht der historischen Zeit«[9] (Benjamin, Adorno).

Das historische Leiden der Schiiten wird als Quelle in die primäre Trauer eingebunden. Bei der sekundären Trauer wird im Falle der Ta'ziya die individuelle Wahrnehmung des Zuschauers durch dessen *Gedächtnis* und in bestimmten Schritten auch durch das sogenannte *kollektive Gedächtnis* (Maurice Halbwachs)[10] geprägt, das über die historischen Leiden des Schiitentums hinausgeht bzw. sich nicht darauf begrenzen lässt. Die eine Seite ist die Geschichte, die andere ist das Gedächtnis. Paul Ricœur betrachtet in seinem Werk *Gedächtnis – Geschichte – Vergessen* die Reibung zwischen diesen Kategorien. Die Fragen nach *Erinnerungsarbeit*, *Wiederholungszwang* und *Vergebung* werden im *Gedächtnis* und in der *Geschichtsschreibung* neu formuliert.[11]

In Ricœurs Aufsatz wird schon beim epistemologischen Status der Unterschied zwischen *individuellen oder kollektiven Erzählungen des Gedächtnisses und der Erzählungen der Geschichte* dargelegt.[12] Die sekundäre Form der Trauer in Ta'ziya wird nicht durch die Geschichte verursacht und kann nicht als geschichtliches Leiden einer bestimmten Ideologie oder Nationalität bezeichnet werden, sondern ist ein Produkt des Bühnengeschehens, das sich das individuelle und kollektive Gedächtnis als Projektionsfläche nimmt.

Was die Trauer als Akt mit einer eigenen Prozedur in einem öffentlichen Raum – von Tränenausbrüchen und Weinen bis zu lautem Klagen

---

[7] Vgl. Heidbrink, L.: Die ästhetische ›Trauer‹ der Moderne als Kritik des naturgeschichtlichen Denkens, in: Ästhetik und Naturerfahrung. Hg. v. J. Zimmermann, U. Saenger und G.-L. Darsow. Stuttgart 1996, S. 355–367.
[8] Ebd., S. 363.
[9] Ebd.
[10] Halbwachs, M.: La mémoire collective. Paris [1939] 1950. Deutsch: Halbwachs, M.: Das kollektive Gedächtnis. Frankfurt a. M. 1991.
[11] Ricœur, P.: Gedächtnis – Vergessen – Geschichte, in: Historische Sinnbildung. Hg. v. K. E. Müller, J. Rüsen. Reinbek bei Hamburg 1997, S. 433–454.
[12] Ebd., S. 440.

und Ohnmacht im Theaterraum – verursacht, ist die *Darstellung des Mordes*. Dabei wird nicht die Ermordung eines Einzelnen betrauert, sondern die Vernichtung einer ganzen Gemeinde durch den Bösen Mächte: Es handelt sich um einen Massenmord. Was die Taʻziya beschreibt, ist die Ermordung Ḥusayns, dem Enkel des islamischen Propheten Mohammed, der mit seiner Familie und seinen Anhängern in dem Ort Karbala von der Armee des damaligen sunnitischen Kalifen eingekesselt und getötet wird.

Wie in der griechischen Tragödie kennen auch die Taʻziya-Zuschauer die zugrundeliegende Geschichte. Durch die Farbgebungen der Kostüme und durch die Musik identifizieren sie »Die Bösen« und »Die Guten«, die Antagonisten und die Protagonisten. Die Darsteller treten immer in diesen beiden Gruppen auf: die Gruppe der »Mitsingenden«[13], die den Protagonisten zuzuordnen ist, und die Gruppe der »Gegensingenden«[14], der Antagonisten, die »Bösen«. Diese Begriffe stehen in der Taʻziya einerseits für das *Für* und *Wider* und anderseits für den Gesang und das Rezitieren. Auch in den neu geschriebenen Taʻziya-Spielen wird von Anfang an mit diesen zwei Kategorien gearbeitet. Die Protagonisten behalten diese Rolle während der gesamten Aufführung, ebenso wie die Antagonisten. Die Protagonisten singen ihre Texte vom Blatt, die Antagonisten deklamieren frei. Die »Guten« sind in den Farben Grün, Weiß, Orange[15] und Schwarz für die Frauen gekleidet, die »Bösen« tragen Rot und Gold.

Diese Figuren existieren auf der Ebene des Textes und der Aufführung. Diese Ebenen kann man als Ausdruck der textuellen und der performativen Kultur des Märtyrertums bezeichnen. Die Kultur des Märtyrertums ist in dieser Hinsicht auf der Bühne der Taʻziya eine komplexe Darstellung der Zuweisungen von *Geschichte* und *Gedächtnis*. Diese Kultur ist nicht begrenzt auf die Texte, sondern ist eine ständige Phase *des Probens und Darstellens*, die als Teil der performativen Kultur von den Zuschauern angenommen werden soll. Eine »Aufführung, in der eine Kultur ihr Selbstbild und Selbstverständnis vor sich und vor

---

[13] Protagonisten: Mukhālifkhawān, Übersetzung M. P.
[14] Antagonisten: Muwāfigkhawān, Übersetzung M. P.
[15] Nur Ḥurr und seine Armee tragen die Farbe Orange. Die Geschichte besagt, dass er zuerst auf der Seite der »Bösen« stand, dann wechselte er die Seiten und starb mit seinem Sohn als Märtyrer. Hur wird immer von einem Protagonistendarsteller gespielt.

anderen öffentlich präsentiert – oder auch reflektiert, in Frage stellt und transformiert.«[16]

Als nächstes gelangen wir zu den Inhalten, die sich auf der performativen Ebene der Kultur des Märtyrertums darstellen lassen. Hier möchte ich mich zunächst mit Ḥusayn beschäftigen, in dessen Gestalt sich die Kultur des Märtyrertums nicht nur mit der islamisch-schiitischen Geschichte auseinandersetzt, sondern durch die Geschichte und das Gedächtnis ihrer Träger und Anhänger praktiziert und übertragen wird. Ḥusayn bleibt aber, wie Angelika Neuwirth schreibt, *keineswegs textlos*, sondern prägt auch die Dichtung, Literatur und andere Kunstpraktiken wie Malerei und Formen der darstellenden Künste (Naqqāli, Rūḍih-Khawānī[17]).[18]

Auf der performativen Ebene des Märtyrertums sind wir mit der Figur des Ḥusayn konfrontiert, der als erstes die Vaterrolle innehat. Er ist mit einer großen Gruppe Menschen, einer Gemeinde, für die er die Verantwortung trägt, auf der Bühne. Ḥusayn scheint immer präsent, auch wenn es in der Szene nicht direkt um ihn geht. Er bleibt ein *fundamentales Element des kulturellen Gedächtnisses in der Taʿziya*.

---

[16] Fischer-Lichte, E.: Beitrag zu Performance, 2. Cultural Performances, in: Metzler Lexikon Theatertheorie. Hg. v. ders., D. Kolesch, M. Warstat. Stuttgart/Weimar 2005, S. 234.
[17] Für mehr Informationen siehe Floor, W. M.: The History of Theater in Iran. Washington 2005. Im dritten Kapitel wird Naqqāli behandelt (Narrative Drama or Dramatic Storytelling, S. 82–106). Das vierte Kapitel (Elegy Recitation or Marthiyeh-Khvani, S. 107–123) thematisiert die *Khawānī*, was als Klagelieder oder Rezitation übersetzt werden kann.
[18] Vgl. Neuwirth, A.: Blut und Tinte – Opfer und Schrift: Biblische und koranische Erinnerungsfiguren im vorderorientalischen Märtyrerdiskurs, in: Tinte und Blut. Politik, Erotik und Poetik des Martyriums. Hg. v. A. Kraß und T. Frank. Frankfurt a. M. 2008, S. 42. »Obwohl Ḥusayn eine nachkoranische Figur ist, ist er keineswegs textlos geblieben. Zusätzlich zu der Flagellantenprozession hat sich ein komplettes Drama, Taʿziya, herausgebildet [...]«.

Ḥusayn und Shimr, Das Gute und das Böse

Ta'ziya hat vermutlich eine tiefe Verwurzelung in einem naturgebundenen Ritual, das eine starke Entsprechung zu den Frühlingsfesten aufweist. Wissenschaftler haben versucht, in den Ritualen Mesopotamiens, Anatoliens und Ägyptens Parallelen zur Ta'ziya zu entdecken.[19] Ehsan Yarshater untersucht in seinem Essay über Ta'ziya und vorislamische Trauerrituale Parallelen zu zwei bekannten Tragödien[20]: *Yādigār-e Zarīrān* und *Siyāwush*. Die erste Tragödie ist, wie Yarshater schreibt, aus der Sassanidenzeit (Spätantike) überliefert. Ihr soll eine viel ältere Quelle aus der Zeit der Parther (3. Jahrhundert v. Chr.) zugrunde liegen. Die Figur des Siyāwush, die in den religiösen Texten der vor-islamischen Ära als Opfer definiert ist und in den mythologischen Texten die Rolle eines Sündenbocks einnimmt, überschneidet sich in vielerlei Hinsicht mit der Überlieferung der Rolle, die Ḥusayn in der Ta'ziya einnimmt. Der Märtyrer Siyāwush ist stark mit der Natur verbunden. Aus seinem Blut wächst eine Pflanze, sein Trauerritual fällt mit dem Frühlingsanfang zusammen.

Diese Ereignisse weisen Parallelen zu einer anderen mythologischen Figur, dem Tammūz, auf. Dieser akkadische Gott wird in der

---

[19] Yarshater, E.: Ta'ziyeh and Pre-Islamic Mourning Rites in Iran, in: Ta'ziyeh: Ritual and Drama in Iran. Hg. v. P. J. Chelkowski. New York 1979, S. 88.
[20] Ebd.

sumerischen Tradition dem früheren Dumūzī, der Vegetationsgottheit, gleichgesetzt. In seiner späten Form lassen sich Parallelen zum Adonismythos erkennen. Bei all diesen Formen der mythologischen Erzählung wurde, wie Frazer schreibt, die »alte magische Theorie von den Jahreszeiten durch eine religiöse verdrängt oder richtiger ergänzt.«[21] Angelika Neuwirth schreibt dazu:

> Ḥusayns Tod, [...] verbindet sich [...] gleichzeitig mit altmesopotamischen Ritualen, [...] in denen der Gott Tammūz gewaltsam stirbt und durch die Befeuchtung der Erde mit seinem Blut den Jahreszeiten-Zyklus erneuert. Verschiedene Traditionen konvergieren also: altorientalische, babylonisch-jüdische und nicht zuletzt christliche. Ḥusayn wird nicht anders als Christus für die Rolle des sterbenden Gottes reklamiert, der durch das Vergießen seines Opferblutes die Erneuerung der Welt bewirkt.[22]

Obwohl die beiden Figuren des Siyāwush und Tammūz (Dumūzī) aus zwei unterschiedlichen Traditionen stammen,[23] ist ihr Thema – die Ermordung des Gottes und ihre Transformation in ein Trauerritual – die wichtigste performative und literarische Parallele, die in der Taʿziya dargestellt wird. Außer dem Tod und der Auferstehung sind allen diesen, in unterschiedliche Zeitperioden eingebundenen Erzählungen – dem Siyāwush-Mythos, den Taʿziya-Erzählungen von Ḥusayn und der Tammūz (Dumūzī)-Erzählung – eine Form gemeinsam, die sich im Handlungsablauf und bei der Zuspitzung auf zwei Pole zeigt. Im Mythos sind Tammūz (Dumūzī) und Ištar (Inanna)[24] zwei verschiedene Pole, die noch nicht als Gut oder Böse definiert sind, bei denen einer den anderen auslöscht, um weiterzuexistieren. Die Geschichte erzählt von einem Paar[25], das im Lauf der Geschichte getrennt wird und in unterschiedlichen Welten existiert. Ištar wird in der Unterwelt gefangen gehalten. Für sie gibt es keinen anderen Weg, als ihren Mann Tammūz an ihren Platz zu setzen, um in die irdische Welt zurückzukehren. Tammūz bleibt danach in der Unterwelt gefangen und auf der Erde bricht die Zeit des Herbstes und Winters an. Der Vegetationsgott Tammūz verbleibt

---

[21] Frazer, J. G.: Der Goldene Zweig: das Geheimnis von Glauben und Sitten der Völker (1922), Reinbek bei Hamburg 2011, S. 472.
[22] Neuwirth: Blut und Tinte – Opfer und Schrift, S. 40f.
[23] Siyāwush kommt aus Transoxanien und sein Gegenspieler Tammūz kommt aus Mesopotamien.
[24] Die Dumūzī-Inanna-Geschichte verläuft genau nach demselben Muster.
[25] Beispielsweise im Fall Inanna und Dumūzī: Dumūzī ist der Hirtengott und sein Name bedeutet »rechtmäßiger göttlicher Sohn« und Inanna ist die Göttin der Liebe und Sexualität.

ein halbes Jahr in der Unterwelt und in dieser Zeit hört alles Wachstum auf der Erde auf. Nach einer Weile fängt Īštar an, über den Verlust ihres Mannes Tammūz zu trauern. Sie trauert so lange, bis er auf die Erde wiederkehrt und mit ihm der Frühling.[26] Wenn man der These von Robertson Smith folgt, dass: »Mythus aus dem Ritus hergeleitet ist und nicht der Ritus im Mythus wurzelt«[27], ist die fundamentale Handlung in all diesen Mythen nicht nur auf die naturverbundenen Rituale, sondern auf die Opferung und auf die Opferrituale zurückzuführen.

Den zur Fiktion transformierten historischen Gestalten des Siyā-wush und Ḥusayn stehen die Antagonisten, die »Bösen«, als Gegenpole gegenüber, sie bilden jedoch keine konkrete Einheit mit ihnen. Der entscheidende Unterschied zwischen den späteren (Siyāwush, Ḥusayn) und früheren Versionen (Tammūz, Dumūzī) ist die Trennung von *Trauernden* und *Tätern* (Mördern: hier die Bösen). Im frühen Tammūz-Īštar -Mythos ist Īštar diejenige, die ihren Mann umbringt und später um seinen Tod trauert, bis er zurückkehrt. Bei der späteren Version von Siyāwush und Ḥusayn werden die Figuren der Täter und der Trauernden voneinander auf der Ebene des Textes, aber auch auf der performativen Ebene in der Taʿziya durch unterschiedliche Charaktere und Präsenzformen getrennt. In der antiken Version gehören beide Charakteristika *der Handlung und der Trauer um die Handlung* zu ein und derselben Figur. Bei den späteren Varianten, bei Siyāwush und Ḥusayn, werden sie unter inhaltlichen Aspekten voneinander getrennt. Auf der performativen Ebene des Taʿziya ist die Trennung zwischen Antagonisten (die Bösen) oder *Handelnden* (Täter/Mörder) und Zuschauern (Trauernden) der entscheidende Akt, der zur Entstehung eines Theater-Rituals aus dem Leib des Trauerrituals geführt hat.[28]

---

[26] Dalley, S.: Myths from Mesopotamia. Oxford 1991, S. 129.
[27] Smith, W. R.: Die Religion der Semiten. Autorisierte deutsche Übersetzung aus dem Englischen von Dr. R. Stübe. Freiburg i. B./Leipzig/Tübingen 1899, S. 13.
[28] Palizban, M.: Performativität des Mordes. Berlin 2016, S. 149.

Shimr und Ḥusayn

Der Mord:

Antagonist: *Shimr*

Nicht nur für den Zuschauer ist die Betrachtung dieser Handlung das Zeichen, dass die Taʿziya sich dem Ende nähert, sondern auch der

Titel der Ta'ziya, der sich auf das Martyrium historisch-fiktiver Figuren bezieht, verweist auf diesen Kern. Wenn der Akt des Mordes den Kern der Handlung darstellt, die als *funktionstüchtiges Aufführungsmodell* ihren Erfolg an den Reaktionen der Zuschauer auf die Ermordung der Heiligen misst, dann sind Mörder und der Akt des Mordes die Schlüsselbegriffe, um die Bösen zu definieren. Es entstehen zwei Phänomene, die sich unterschiedlich entwickeln und gegenseitig verstärken. Beide sind im theatralen Raum der Ta'ziya und in den Handlungen und Verhaltensweisen der Akteure und Zuschauer zu verorten.

Mit *dem Bösen* haben wir es auf zwei Ebenen zu tun: Erstens: Die Wiederentdeckung des Bösen in sich selbst – beim Zuschauer, und zweitens: Das Böse als Akt des Bosheit, oder, wie Paul Ricœur sagt: »Wenn sich der Mensch als Opfer der Boshaftigkeit der Menschen erlebt.«[29]

Die erste und zweite Ebene sind nicht voneinander trennbar. Die erste Ebene ist eine Situation, die immer wieder entsteht, wenn die Zuschauer mit dem Bösen – hier den Antagonisten – konfrontiert werden und durch die Trennungsphase (Gennep) oder Liminalität (Turner) aus ihrem Alltagsleben herausgelöst werden[30] und sich in ihrem Sozialen aber auch Individuellen entfremden. Die Konfrontation mit dem Bösen öffnet den Raum zu den Quellen und Inhalten des Bösen und spiegelt es auf den Zuschauer. Die zweite Ebene stellt sich im Verlauf der ersten Ebene ein. Es ist das, was mit uns geschieht, wenn wir bei einem Akt des Bösen zusehen. Diese zwei Ebenen des *Bösen* in Ta'ziya sind kreisförmig miteinander verbunden. Die erste Interaktivität im Zuschauerraum ist nicht der emphatische Dialog mit dem *Guten*, den Protagonisten, sondern mit dem *Bösen*, mit den Antagonisten. Die Protagonisten sind in Ta'ziya die heilige Familie und ihre Existenz verbindet sich mit den Figuren des Halbgott-Gottes und steht immer zwischen Zuschauern und Protagonisten. Was aber viel wichtiger ist, ist der Platz der Antagonisten (die Bösen). Dieser ist immer zwischen den Zuschauern und den Protagonisten und in dieser Hinsicht stehen die Antagonisten immer an der Seite der Zuschauer und sind die Abgrenzung zu den Protagonisten. Diese Position im Theaterraum ermöglicht eine bestimmte Erfahrung. Es ist die Entdeckung der *Passivität des Bösen* im Zuschauer als Erfahrung

---

[29] Ricœur, P.: Das Böse. Zürich 1986, S. 19.
[30] Fischer-Lichte: Ästhetik des Performativen, S. 305.

Performativität des Bösen

der eigenen Ohnmacht gegen Ungerechtigkeit. Das Mit-Leiden, wenn *anderen* Leid zugefügt wird[31] (extremstes Beispiel: Kindermord).

Die Antagonisten sind der Schlüssel zur Entdeckung des Bösen. Sie stehen allein, ohne jede Verbindung zu Frauen, Kindern, Familien. In Ta'ziya sind sie unmusikalisch, d. h. ohne eigene musikalische Themen, und das Sinnbild der absoluten Gewalt. Aber am wichtigsten ist: Sie sind die Herrscher, die Machthaber. *Trauernde* und *Mörder* werden unter diesem Aspekt zu *Volk* und *Herrscher*. Die umeinanderkreisende Beziehung vergegenständlicht sich im Ta'ziya-Spielraum, der Hallen-Arena.

Das Martyrium, mit dem schiitisch geprägten inhaltlichen Konzept der Unschuld und Verteidigung, fördert diese Trennung vom Ritual als theatralische Notwendigkeit. Die ambivalente Rolle der Zuschauer einerseits als Teilnehmer (an einem Opferritual) und andererseits als *passive Mörder* reproduziert die gleiche Trennung. Diese Passivität der Zuschauer bedingt die Figuration des Tyrannen als das absolut Böse. Das ist es, was in Ta'ziya aus Ritual Theater macht. Dieser Rollenwechsel vom Ritualteilnehmer zur Ko-Präsenz mit den Akteuren – in diesem Fall den Antagonisten – transformiert die ritualisierte Präsenz in den theatralen Raum.

Anderseits dominiert die ritualisierte Kunst der Darsteller, sich als Teil dieses Rituals zu erklären und fast immer die Grenze zwischen sich als normalem Bürger in der *Takye* und der dargestellten Rolle zu ziehen, was noch einmal demselben systematischen Wechsel vom Ritual zum Theater dient.

Wenn die Konstruktion auf der Ebene des Opferrituals erklärt wird, reduziert sie auf die Rollen von Opfern und Tätern. Aber hier geht es auch um die *Trauernden*, also um ein *Trauer-Opfer-Ritual*, was wiederum die Ambivalenz der Opferfiguration in sich als performative Handlung trägt. So werden die Ta'ziya-Teilnehmer und die Antagonisten Übermittler eines Geschehens, in dem sie sich ihre Passivität gestattet haben und teilweise aktive Täter waren. Die Trauer, der Akt des Weinens, wird von den religiösen Teilnehmern als *ṯawāb* betont, was heißt: »Wer um die Märtyrer weint, wird von seinem Gott belohnt.«[32] In dieser Aussage aber steckt die »Verschönerung und Verheimlichung all dessen«,[33] was der

---

[31] Ricœur: Das Böse, S. 18.
[32] ṯawāb: ثواب, in: Ğurğānī (1339–1413): Ta'rīfāt. Teheran 1989, S. 97. Vgl. Chittick, W. C.: Weeping in Classical Sufism, in: Holy Tears, Weeping in the Religious Imagination. Hg. v. K. C. Patton, J. S. Hawley. Princeton 2005, S. 132–144.
[33] Girard, R.: Der Sündenbock. Zürich/Düsseldorf 1988, S. 118.

Maryam Palizban

Ursprung der Trauer ist. Verbergen und Vergessen ist vielmehr eine Art Heilung des Gedächtnisses, die Vollendung seiner Trauer, die aber auf die »Schuld verweist, deren Last das Gedächtnis und damit die Fähigkeit zu einer kreativen Zukunftsorientierung lähmt«.[34] Die kollektive Schuld einer Gemeinde an einem kollektiven Mord.

Ḥusayn-Taʻziya, Shimr und ʻAbdullāh, Ḫulangān, Iran, 2010

---

[34] Ricœur: Gedächtnis – Vergessen -Geschichte, S. 451.

Der Mord, die Opferungsszene, bleibt immer noch als Teil des Rituals gewaltsam und erschütternd. Die Teilnehmer erleben den extremsten Fall der Grausamkeit – das *Fundamentalverbrechen*[35] – in den Kindesmordszenen, wenn einem Kind, fast wie einem Opfertier, von einem Antagonisten die Kehle mit dem Messer durchtrennt wird. Auch frei von jeder Bindung zu Ḥusayns Geschichte und auch jenseits von Religiosität erschüttert Kindermord in jeder Hinsicht. Interessanterweise wird in der Taʿziya *Madjlis* des *Martyriums von Imam Ḥusayn* der Mord an seinem Neffen ʿAbdullāh, der Höhepunkt, der die Teilnehmer am meisten zum Weinen bringt, früher gezeigt als die Ermordung von Ḥusayn selbst. Diese verliert damit das performative Interesse und wird durch das Freilassen von Tauben gleichermaßen szenisch maskiert wie symbolisiert. Die Unschuld Ḥusayns und seiner Familie, aber auch aller anderen Märtyrerfiguren, die in der Taʿziya dargestellt werden, die Unschuld, das schuldlose Opfer der Märtyrer, stiften die Gefühle von Kollektivschuld bei den Teilnehmern dieses Opferrituals. Theatralität erzeugt aus der Figur des ritualisierten Opfers einen Märtyrer. Wenn die Unschuld als Charakterzeichen in der Handlung auftritt und Sprache, Ton und Musik als szenische Darstellung und Codes, die das Leiden der Unschuldsfigur betonen, verwendet, trifft Ritualität auf Theatralität.

Das Resultat dieser Betrachtung von *Taʿziya als Theater-Ritual* ist die Projektionsfläche der Kollektivschuld um den Märtyrer. In gleichem Maße ist es die Aufführung eines kollektiven Mordes durch die Bösen. Es generiert damit die Forderung nach dem kollektiven Schuldgefühl einer Gesellschaft, ausgelöst durch eine Gewalttat, durch die die Bösen definiert wurden.

---

[35] Vgl. Girard: Der Sündenbock, S. 27 über fundamentale Verbrechen: »Sie greifen die Fundamente der kulturellen Ordnung an, ja selbst Unterschiede in Familie und sozialer Hierarchie, ohne die es keine Gesellschaftsordnung geben könnte.«

Iyad Shraim

Figurationen des Bösen in Goethes *Faust* und das *Faustische* in der arabischen Literatur

Vorbemerkung

Der Faust-Mythos bündelt Konzepte des Guten und des Bösen, des Göttlichen und des Dämonischen, die auf lange Traditionen – seien sie religiös oder literarisch – zurückblicken. Der Teufelspakt bildet den Rahmen für die dialektische Auseinandersetzung zwischen den Protagonisten Faust und Mephistopheles. Die folgende Analyse setzt sich mit einigen Aspekten des Bösen im Faust-Mythos auseinander und möchte Ausprägungen des Bösen in Charakteren, Handlungsmomenten und Handlungsrahmen sowie das Böse als Prozess aufzeigen. Erörtert werden diese Elemente in Goethes *Faust*[1] und in den zwei arabischen Adaptionen: *Faust al-Ǧadīd* (1967, Der Neue Faust)[2] von ʿAlī Aḥmad Bākatīr und *ʿAhd aš-Šayṭān* (1938, Der Teufelspakt)[3] von Tawfīq al-Ḥakīm.

1. Am Anfang war die Wette

Bereits zu Beginn von Goethes *Faust*, in der Szene *Prolog im Himmel*, wetten Gott und sein Widersacher, Mephistopheles, »wem es gelingen werde, den Gelehrten Faust auf seine Seite zu bringen.«[4] Mephistopheles behauptet, in der Lage zu sein, Faust zu verführen. Daraufhin spricht Gott zu Mephistopheles: »Nun gut, es sei dir überlassen! / Zieh diesen

---

[1] Zitiert wird nach dieser Ausgabe: Goethe, Johann Wolfgang von: Faust. Der Tragödie erster und Zweiter Teil. Urfaust. Hg. v. E. Trunz. Band 3. München 2005.
[2] Bākatīr, ʿA. A.: Faust al-Ǧadīd (Der Neue Faust). Kairo 1967. Im Folgenden zitiert als Bākatīr: Faust al-Ǧadīd.
[3] Al-Ḥakīm, T.: ʿAhd aš-Šayṭān (Der Teufelspakt). Kairo 1938. Im Folgenden zitiert als: Al-Ḥakīm: ʿAhd aš-Šayṭān.
[4] Gaier, U.: Kommentar zu Goethes Faust. Stuttgart 2006, S. 17.

Geist von seinem Urquell ab, / Und führ ihn, kannst du ihn erfassen, / Auf deinem Wege mit herab« (V. 323–326). Das Vorhaben von Mephistopheles ist es also, Faust seiner Natur und seines ursprünglichen Wesens zu entreißen. Er zielt darauf, Faust »von den Höhen des Geistes in die Niederungen nackter »Bestialität« (V. 2297)«[5] hinabzuziehen, damit jener durch begangene Missetaten degradiert und seiner Seele beraubt werde. Doch warum gibt Gott überhaupt seine Zustimmung dieser Wette mit Mephistopheles, die Faust schließlich zu einem Objekt teuflischer Verführung macht? Eine Antwort auf diese scheinbar nicht nachvollziehbare Einlassung findet sich schon in der gleichen Szene:

> Des Menschen Tätigkeit kann allzu leicht erschlaffen, / Er liebt sich bald die unbedingte Ruh; / Drum geb ich gern ihm den Gefallen zu, / Der reizt und wirkt und muß als Teufel schaffen. (V. 340–343)

Da der Mensch schnell zu Tatenlosigkeit und Müßiggang neigt, benötigt er einen antreibenden Gesellen in Form des Teufels. Diese auf den ersten Blick böse Verführungstat von Mephistopheles entpuppt sich wider Erwarten als wohlgemeinter Entschluss Gottes, der den Teufel als Werkzeug agieren lässt, um eine menschliche Schwäche zu überwinden. So spielt der Teufel nicht die Rolle des Ermächtigten, der über Faust eine uneingeschränkte Macht ausübt, sondern fungiert vielmehr als Instrument, das letztendlich zugunsten von Faust gelenkt wird. Mephistopheles geht siegessicher auf die Wette ein in der Überzeugung, diese zu gewinnen. Dabei überschätzt er sich, verkennt seine Stellung innerhalb dieses »Spiels« und übersieht, dass sein Handeln auch unter Gottes Allmacht steht. Durch diese Herausforderung erntet er den Spott des Herrn: »Was willst du armer Teufel geben? / Ward eines Menschen Geist, in seinem hohen Streben, / Von deinesgleichen je gefaßt?« (V. 1675–1677). Im Faust-Teufel-Verhältnis verkennt Mephistopheles auch das Menschenwesen, das im Mittelpunkt der Wette steht und zur Drehscheibe in dem Kraftmessen zwischen Faust und Mephistopheles wird.

In der arabischen Adaption *Der neue Faust* von ʿAlī Aḥmad Bākat̠īr ist eine entsprechende Szene der Wette nicht vorhanden. Bākat̠īr verzichtet in der Handlung auf eine Auseinandersetzung zwischen Gott und Teufel, verweist jedoch implizit auf jenen Wettstreit im Himmel zu Beginn der Schöpfungsgeschichte Adams nach islamischer Vorstellung.[6] Dieser sei in den Grundzügen kurz erwähnt: Gott befiehlt dem Teufel,

---

[5] Borchmeyer, D.: Keine Angst vor Faust. Goethes Hauptwerk als Komödie, in: Faust-Jahrbuch I. Hg. v. B. Mahl und T. Lörke. Tübingen 2005, S. 131–148, S. 141.
[6] Bākat̠īr: Faust al-Ǧadīd, S. 75.

sich vor Adam niederzuwerfen. Jener sollte dies in Gemeinschaft aller Engel aus Hochachtung vor Adam tun. Doch der Teufel verweigert Gottes Befehl mit der Begründung, er – also der Teufel – sei aus Feuer gemacht, der Mensch aber lediglich aus Erde. Daraufhin wird der Teufel aus dem Paradies verdammt. Es kommt anschließend zu einem Streitgespräch bzw. zu einer Wette zwischen ihm und Gott. Nach der allgemeingültigen Vorstellung in der islamischen Tradition ist dies der Anlass für die Feindseligkeit zwischen Mensch und Teufel und bildet den Beweggrund, warum der Teufel immer wieder aufs Neue versucht, die Menschen vom rechten Weg abzubringen und sie mit sich in die Hölle zu führen.

In beiden Dramen erhöht das Streitgespräch die Spannung und die Erwartung des Lesers und signalisiert den Beginn des Konflikts zwischen Faust und Mephistopheles. In beiden ›Wetten‹ bleibt der Ausgang von Fausts Schicksal zunächst offen.

2. Mephistopheles: das Böse in Person!

Nach Abschluss der Wette begibt sich Mephistopheles auf den Weg zu Faust. In der berühmten Szene *Studierzimmer* erscheint Mephistopheles als Vierbeiner, als Pudel. Auf Fausts Aufforderung stellt sich Mephistopheles mit folgenden Worten vor: »Ein Theil von jener Kraft, / Die stets das Böse will und stets das Gute schafft (V. 1335–1336)«. Goethe lässt Mephistopheles bereits bei der ersten Begegnung mit Faust als eine ambivalente Figur auftreten, die das Gute und das Böse in sich vereint. Mit dem Fortschreiten der Handlung nimmt Mephistopheles zwar verschiedene Eigenschaften des Bösen an, so ist er Bösewicht, Wortverdreher und Zyniker. Er wird aber nicht – wie man meinen könnte – nur als eine reine »Inkarnation des Bösen«[7] dargestellt. Der Dichter öffnet damit Räume für weitere Interpretationen des Teufelscharakters. Ähnlich wie in der christlichen Schöpfungsgeschichte tritt der Teufel nicht nur als eine böse, sondern auch als eine tragische Figur auf, deren Stolz ihr zum Verhängnis wird. Der Teufel ist der aus dem Himmel vertriebene Engel, der in die ewige Finsternis stürzt.[8]

Auch wenn der Teufel nicht nur Böses in sich trägt, so ist es jedoch seine formulierte Absicht – laut der Wette –, Menschen zu verführen. Bei diesem Vorhaben ist er allerdings mit einem Dilemma konfrontiert:

---

[7] Ruppel, W.: Die Technik in Goethes »Faust«, in: Faust-Jahrbuch I. Hg. v. B. Mahl und T. Lörke. Tübingen 2005, S. 23–35, S. 28.
[8] Alt, P.-A.: Ästhetik des Bösen. München 2010, S. 104.

Nur eins ist er nicht: ein Teufel, der über die unbedingte Macht verfügt, die Seele Fausts dauerhaft in die Hölle zu bannen. Was immer er tut, steht unter der generellen Einschränkung, daß es von Gott inszeniert wurde. Der Teufel handelt nicht autonom, sondern im Zeichen seiner Abhängigkeit von der himmlischen Schöpfung, die er verspotten, aber nicht gleichberechtigt bekämpfen darf.[9]

Diese Ermächtigung befindet sich also in der Sphäre der von Gott geschaffenen Ordnung, welche nicht einmal der Teufel überschreiten kann. Dass die literarische Figur Mephistopheles von der festgefügten Ordnung nicht ganz emanzipiert ist, lässt sich auch an dem Ausgang der Tragödie erkennen. Vielen Interpretationen und Adaptionen – auch in der arabischen Literatur – zufolge wird Faust trotz aller Versuche des Teufels am Ende gerettet.

Die ambivalente Charakterisierung des Teufels im Faust-Mythos nimmt in der arabischen Literatur weitere ästhetische Züge an. Einer der bekanntesten Texte, die sich auf Goethes *Faust* beziehen, stammt von dem ägyptischen Schriftsteller und Dramatiker Tawfīq al-Ḥakīm *'Ahd aš-Šayṭān* (Der Teufelspakt). In diesem Text, in dem der Schriftsteller selbst an der fiktiven Handlung teilnimmt, erzählt Tawfīq al-Ḥakīm die Geschichte, als er eines Nachts im Winter in seinem Arbeitszimmer sitzt und Goethes *Faust* liest. Plötzlich versinkt der Autor in seinen Gedanken und möchte über das umfassende Wissen verfügen, welches ihm ermöglicht, das Wesen der Dinge und die Geheimnisse des Universums zu begreifen.[10] Er ruft nach dem Teufel, welcher ihm sodann im Schlaf erscheint. Al-Ḥakīm verlangt von dem Teufel das Wissen und sogar Goethes Geist und dessen poetische Begabung. Der Teufel zeigt sich bereit, verlangt allerdings al-Ḥakīms Jugend als Preis für diese Forderung.

Al-Ḥakīms Drama beginnt mit dem Ausruf: »yā šayṭān al-fann!« (O Teufel der Kunst!). Der Teufel wird hier nicht als Verkörperung des Bösen und der Versuchung, sondern als Quelle einer kreativen Kunst und Dichtung dargestellt. Mit dieser Inszenierung bringt al-Ḥakīm den Faust-Mythos mit den altarabischen Mythen in Verbindung. Konkret bezieht er sich auf arabische Mythen vorislamischer Zeit über die Šayāṭīn aš-Šiʿr (Teufel der Dichtung), die Wadi ʿAbqar vermutlich in den Provinzen Najd oder al-Hijaz – heute Saudi-Arabien – bewohnten. Berichten zufolge erscheinen diese Ǧinnī-Dichter jedem Dichter, der in diesem Tal übernachtet. Die Ǧinnī-Dichter diktieren den Dichtern

---

[9] Ebd., S. 100 f.
[10] Al-Ḥakīm: ʿAhd aš-Šayṭān, S. 19.

vollkommene Poesie, die an Schönheit und Eleganz nicht zu übertreffen ist. Einige bekannte Dichterinnen und Dichter vorislamischer Zeit hatten – so die Legende – einen sogenannten *Qarīn* (einen Begleiter oder einen Gefährten) von den Ğinnīs oder Teufeln.

Von dem Namen ʿAbqar, dem Ort, an dem die Teufel wohnen, leitet sich im Arabischen das Adjektiv ʿabqarī ab, welches so viel wie genial und einfallsreich bedeutet. Genie bedeutet im Lateinischen »erzeugende Kraft«. Es ist umstritten, ob Genie und Ğinnī eine gemeinsame etymologische Herkunft haben.[11] Interessant ist jedoch die klangliche und semantische Nähe zwischen »erzeugender Kraft« und »Überbringer der genialen Dichtkunst«, Genialität und Teufel, Kreativität und Teufel. Al-Ḥakīm verleiht dem »Teufel der Kunst« in Anlehnung an die altarabische Literatur die Funktion des poetischen Schöpfers. Der Teufel symbolisiert also eine Schöpfungskraft und ist Überbringer einer Dichtkunst mit hoher, beinahe übermenschlicher Performanz.

3. Faust: ein unruhiges, verführbares Wesen!

In der Wette wird Faust zum Objekt der Verführung, ist jedoch dem Teufel nicht machtlos ausgeliefert. Das liegt teils in der bereits erwähnten Begrenztheit der Teufelsmacht begründet, teils auch an Fausts Kraft des Guten und zum Guten, die Mephistopheles verkennt. So musste Mephistopheles sich vom Herrn sagen lassen: »Und steh beschämt, wenn du bekennen mußt: / Ein guter Mensch, in seinem dunklen Drange, / Ist sich des rechten Weges wohl bewußt« (V. 327–329). Faust ist kein besonders tugendhafter Mensch, sondern einer mit Schwächen und unstillbarem Drang. Ein markantes Beispiel für seine menschliche Fehlbarkeit ist der Umgang mit Gretchen, in die er sich verliebt. Seine Liebe zu Gretchen, einem sehr frommen Mädchen, führt zu ihrem Untergang. Um ihre Zuneigung zu gewinnen, greift Faust auf des Teufels Hilfe zurück. Gretchen verliert ihre Unschuld und wird zum Gespött der Öffentlichkeit. Ihr Bruder Valentin, der sie als ehrlose Hure bloßstellt, stirbt in einem Gefecht mit Faust. Mit dem Eintritt von Faust und Mephisto in Gretchens Leben beginnt ihr Unglück.

---

[11] Nünlist, T.: Dämonenglaube im Islam. Berlin 2015, S. 22–24.

Getrieben durch sein Streben sucht Faust nach der »Verwirklichung seines schöpferischen Geists in der Welt«[12] und nach Stillung seines tiefgründigen Erkenntnisdrangs. Es ist das Streben nach dem Erhabenen und Vollkommenen, das seinem Leben Sinn verleiht. Der Teufel hingegen versucht, Faust aufzuhalten und ihn durch oberflächliche Erkenntnisse und körperliche Bedürfnisse zu lenken. Fausts Irrwege und sein wiederholtes Scheitern steigern seine Unruhe und lassen seine Versuche aussichtslos erscheinen. Einzig allein die Liebe zu Gott bietet ihm Erlösung, solange er sich dafür einsetzt.

> Wer immer strebend sich bemüht / Den können wir erlösen. / Und hat an ihm die Liebe gar / Von oben teilgenommen, / Begegnet ihm die selige Schar / Mit herzlichem Willkommen. (V. 11936–11941)

Fausts guter Wesenskern stärkt ihn und schützt ihn weitgehend vor den Intrigen des Mephistopheles. Auch wenn er fehlbar ist und immer wieder scheitert, so verfügt er im Inneren über den Antrieb, sich aufs neue zu retten. In dem Vers »Es irrt der Mensch, so lange er strebt« (V. 317) zeigt Goethe, dass der Protagonist sich wie ein Irdischer und eben nicht wie eine rein heroische Figur verhält. Menschliche Schwächen, die in der Figur des Faust zutage treten, werden nicht aufgehoben. So ist es Fausts Schicksal, mit jedem weiteren Versuch Irrtümer zu begehen.

In Bākaṯīrs *Der Neue Faust* kann der Teufel nur Menschen mit schwachem Glauben verführen. Über aufrichtig fromme Menschen hat er keine Macht. Bei Bākaṯīr führt der Teufel die echte ›fromme‹ Margarete weder in die Irre noch setzt er sie als verführerisches Mittel gegen Faust ein. Das Teufels-Werkzeug ist stattdessen die Prostituierte Gertrud, die in Margaretes Gestalt erscheint, um Faust zu verzaubern. Bākaṯīrs Darstellung entspricht der islamischen Anschauung, dass Gott seine frommen Diener vor der Irreleitung durch den Satan schützt: »Gewiss, über meine Diener hast du [Satan] keine Macht.« (Koran, 17/65). Dieser Grundsatz gilt auch für Faust, der sich schließlich vom Teufel abwendet.

> Luzifer gerät in dieser Bearbeitung in Not, weil er die Komplexität der menschlichen Psyche unterschätzt. Während Bākaṯīrs Faust noch weltliche Genüsse erprobt, wächst in ihm bereits das [...] Bedürfnis nach dem Licht einer höheren Wahrheit.[13]

---

[12] Hamm, H.: Goethes »Faust«. Werkgeschichte und Textanalyse. Berlin 1997, S. 68.
[13] Behzadi, L.: Ausblick und Spiegelung: Goethes »Faust« in der arabischen Literatur, in: Orient und Okzident. Zur Faustrezeption in nicht-christlichen Kulturen. Hg. v. J. Golz und A. Hsia. Köln 2008, S. 67–76, S. 70.

Das gute innere Wesen des Fausts siegt über die böse Kraft des Teufels. So beschließt Faust, ein anderes Leben zu führen und auf weltliche Genüsse zu verzichten, indem er sich selbst spirituell über diese erhebt.

4. Der Teufelspakt: der Rahmen für das Böse!

In Goethes *Faust* ist weder Mephistopheles eine reine Inkarnation des Bösen, noch ist Fausts Charakter per se böse. Die Gestaltung des Bösen zeigt sich in einer dialektischen Interaktion beider Protagonisten und in dem Resultat ihrer gegenseitigen Auseinandersetzung. Folgt man dieser Betrachtungsweise, so agiert das Böse nicht für sich allein, sondern es bedarf eines Rahmens, in dem das Böse entstehen und walten kann. Der Teufelspakt, ein zentraler Bestandteil beinahe jeder literarischen Faust-Verarbeitung, bildet diesen Rahmen.

Die Faust-Krise offenbart sich zunächst als eine Wissens- und Erkenntniskrise. In dem ersten Teil der Tragödie, in der Szene *Nacht*, beklagt Faust die Begrenztheit seines Wissens mit den bekannten Zeilen:

> Habe nun, ach! Philosophie, / Juristerei und Medizin, / Und leider auch Theologie / Durchaus studiert, mit heißem Bemühn. / Da steh ich nun, ich armer Tor! / Und bin so klug als wie zuvor. (V. 354–359)

Dieser Zustand versetzt Faust in geistige Unruhe und Besorgnis und drängt ihn zur Suche nach Erkenntnissen, die Wissenschaften seiner Zeit nicht hergeben. »Faust ist nicht bereit, die herkömmlichen Grenzen des Wissens zu akzeptieren und wird versuchen, das Maximum an Erkenntnis- und Erlebnisintensität zu erreichen.«[14] Er will die Welt in der gottgewollten Ordnung erfassen. So spricht er: »Daß ich erkenne, was die Welt / Im Innersten zusammenhält« (V. 382–383). Faust lässt sich mit der Absicht, sich Wissen und übernatürliche Macht zu verschaffen, auf den Teufel ein, welcher eigentlich nicht den Wertvorstellungen von Faust entspricht. Dafür paktiert er mit dem Teufel und betritt erst dann den Bereich des Bösen. »Der Pakt mit dem Teufel symbolisiert die Macht des Bösen, Widergöttlichen und Hybris des Geistes.«[15] Dieser Pakt wird somit ein Mittel zum Zweck. Faust gelingt es zwar, sein Wissen zu maximieren, sein Wissensdrang jedoch kann nicht gestillt werden. Mit

---

[14] Schneider, C.: Das Motiv des Teufelsbündners in volkssprachlichen Texten des späteren Mittelalters, in: Faust-Jahrbuch I. Hg. v. B. Mahl und T. Lörke. Tübingen 2005, S. 165–198, S. 165.
[15] Ebd.

dem erlangten Wissen erhält Faust noch mehr Macht, sowohl Gutes als auch Böses zu vollziehen.

Auf ähnliche Weise paktiert Faust in Bākaṯīrs *Der Neue Faust* mit dem Teufel, um umfassendes Wissen zu erlangen. Mit diesem Wissen möchte er die Menschen zur Wahrheit und zur Gottes Erkenntnis – aus Fausts Betrachtung zum Guten – führen. Seine gute Absicht verwirrt am Ende jedoch den Teufel, dessen Bestimmung darin liegt, die Menschen irrezuleiten.[16] Denn dies ist zugleich seine Bestimmung und seine Daseinsberechtigung. Die Handlung, die sich in Richtung Annäherung zwischen beiden Protagonisten entwickelt, erfährt in dem Moment einen Wendepunkt, als Faust die Ohnmacht und Wissensbegrenztheit des Teufels erkennt. Die offenbarte Unfähigkeit des Teufels ist für Faust der Anlass, den Pakt aufzulösen und sein Wissen fortan beim allwissenden Gott zu suchen.[17]

Indem Goethes Faust am Ende gerettet wird und Bākaṯīrs Faust sich Gott zuwendet, wechseln sie vom Dämonischen zum Göttlichen, also vom Bösen zum Guten. Mit diesem Wandel der Protagonisten wird der Pakt als beendet erklärt und diese verlassen den Rahmen des Bösen.

5. Der Begriff des Faustischen in den arabischen Medien

Seit Beginn der *Faust*-Rezeption in der arabischen Literatur vor gut einem Jahrhundert gewinnt der Begriff *al-Fāwstiyya* (das Faustische) stets an assoziativen und wertenden Bezügen in arabischen öffentlichen Diskursen. An den *Faust*-Mythos geknüpfte Assoziationen basieren auf unterschiedlichen Interpretationen, die durch verschiedene Print- und Onlinemedien selektiv in Diskussionen herangezogen werden. Daraus resultiert, dass sich beispielsweise der arabische Leser der Symbolik des Faustischen bedienen kann. An folgendem Beispiel werden Hauptmerkmale der Faust-Symbolik skizziert:

In seinem Artikel *Tamāhiyāt ar-rūḥ al-Fāwstiyya fī l-ḫiṭāb as-sulṭānī* (*Identifikationen des faustischen Geistes im Herrschaftsdiskurs*)[18] charakterisiert der syrische Soziologe ʿAlī Asʿad Waṭfa den politischen Diskurs mancher Intellektueller, die im Dienste der Diktaturen handeln. Er legt

---

[16] Vgl. Bahi, I.: aš-Šayṭān fī ṯalāṯ masraḥiyyāt (Der Teufel in drei Theaterstücken), in: Fuṣūl, Journal of Literary Criticism. 2 (1983) 1, S. 248–264, S. 261.

[17] Bākaṯīr: Faust al-Ǧadīd, S. 123.

[18] Waṭfa, ʿA. A.: Tamāhiyāt ar-rūḥ al-Fāwstiyya fī l-ḫiṭāb as-sulṭānī (Identifikationen des faustischen Geites im Herrschaftsdiskurs). Internet-Webseite des Damascus Center

Merkmale, Mechanismen, intellektuelle Träger sowie Ideologien des Herrschaftsdiskurses offen. Jene Gruppe von Denkern und Schriftstellern, die in ihrer opportunistischen, gewissenlosen Haltung freiwillig oder unter Druck Machthabern dienen, sind Waṭfa zufolge Intellektuelle mit »faustischem Geist«. Sie attackieren, diffamieren und insultieren Oppositionelle, zugleich huldigen sie dem Despoten und verkennen dessen Gräueltaten. Sie lassen sich von einer »faustischen Kraft« verleiten, die im »Geiste der teuflischen Macht« verkörpert ist. Sie besitzen einen »faustischen Geist«, durch den sie gemäß der »faustischen Tradition« nur die eine ›Wahrheit‹ sehen und diese mit Gewalt zu erzwingen versuchen. Dieser Beitrag ist ein typisches Beispiel für die journalistische Verwendung des faustischen Begriffs und zeigt anschaulich eine Deutung des faustischen Bösen, unter der Eigenschaften wie Hochmut, Gewissenlosigkeit und Zerstörungswut zutage treten.

Die faustische Gelehrtenkrise erfährt besonders in arabischen Medien eine neue Bedeutung: Der Intellektuelle verzweifelt nicht an mangelnder Erkenntnis, sondern sorgt für die Verzweiflung anderer. Er vernachlässigt seine Verantwortung gegenüber der Gesellschaft und deren Herausforderungen. Er setzt sich nicht kritisch mit politischen Fehlschritten, maroden Systemstrukturen und Machtmissbrauch auseinander, weil er möglicherweise Ämter bekleiden bzw. diese nicht verlieren möchte. Der als ‚faustisch' kritisierte Intellektuelle ist zugleich Teil und Handlanger der Machtelite. Er spricht in ihrem Interesse und kümmert sich wenig um die breite Masse, weil sie ihn nicht in gleichem Maße entlohnt.

In der medialen Verwendung des Begriffs *al-Fāwstiyya* werden des Öfteren die Ausdrücke »der Gelehrte, der seine Seele dem Teufel verkaufte« und »Pakt mit dem Teufel« verwendet. Das Motiv »Pakt mit dem Teufel« ist in der arabischen Literatur und anschließend in den Medien erst durch die Rezeption des Faust-Stoffs bekannt geworden. *Al-Fāwstiyya* wird vornehmlich im politischen Kontext hervorgekehrt und bezieht sich auf reale politische Personen und Intellektuelle. Das oben angeführte Textbeispiel veranschaulicht, wie sich literarische Fiktion auf politische Realität übertragen lässt.

for Theoretical and Civil Rights Studies. Verfasst am 15.12.2011. https://archive.md/njsn4 (11.11.2021).

6. Modernisierung und Wandel in arabischen Ländern: das Böse als Prozess!

Ein weiterer Aspekt der Konzipierung des Bösen in Verbindung mit dem Faust-Mythos ist die Betrachtung des Bösen als ein Prozess. In den großen politischen Umwälzungen, die arabische Länder durchlaufen, werden kontroverse Diskussionen über Modernisierung und politische Reformen geführt. Auch in der Debatte über den Modernisierungsprozess sind einige Elemente des Faust-Motivs gegenwärtig. Sharif Elmusa, ein palästinensisch-amerikanischer Schriftsteller, schildert am Beispiel Saudi-Arabiens, was Modernisierung und Technisierung für die Tradition einer Kultur bedeuten können. Elmusa führt an, dass die importierte moderne Technologie den materiellen Rahmen traditioneller saudischer Kultur verändert[19] und ambivalente Verhältnisse erzeugt: »Their wish is to have the technology without social change, the tree of knowledge without the temptation, Faust without the Devil.«[20]

Nach Sharif Elmusa besteht das Wesen des modernen »faustischen« Projekts in einer andauernden Sabotage der Tradition. Die ersten, welche deren Auswirkungen erfahren hätten, seien die westlichen Gesellschaften selbst gewesen. Das Modernisierungsprojekt sei »kreativ und zerstörerisch; Segen bringend und tragisch«[21] zugleich. Denn es bleibt ungewiss, welchen Weg die Entwicklung einschlägt. Es dürfe durchaus erwartet werden, dass sich dieses Wechselspiel zwischen Moderne und Tradition fortsetzt und sich neue Kulturmodelle entfalten. »[...] the struggle between modernity and tradition can be expected to proceed apace and new patterns to evolve: Faust and the Devil are the restless, innovative pair.«[22]

Vor diesem Hintergrund ist ersichtlich, worin die allgemeine Relevanz des *Faust* für die arabischen Rezipienten liegt und weshalb sie ein Interesse am Fauststoff haben: Der zweifelhaften Zukunft einer fragwürdigen Moderne entgegenstrebend bietet der Faust-Mythos andere interpretative Ansätze und alternative Sicht- und Herangehensweisen, mit dem aktuellen Zeitgeschehen umzugehen. Auch hier betont Elmusa die Polarität des Guten und des Bösen, Faust und der Teufel, Modernisie-

---

[19] Elmusa, S.: Faust without the Devil? The interplay of technology and culture in Saudi Arabia, in: Middle East Journal. 51 (1997) 3, S. 345–357, S. 357.
[20] Ebd., S. 350.
[21] Ebd., S. 357.
[22] Ebd.

rung und deren unberechenbare Konsequenzen. Das gefürchtete Böse liegt also in dem Wandlungsprozess.

Fazit

Die Faust-Tragödie schließt an Konzepte des Bösen religiöser und literarischer Traditionen. Die Hauptfigur Faust und sein Mitstreiter Mephistopheles schaffen ein Spannungsfeld für die Interaktion zwischen dem Guten und dem Bösen. In der Schlüsselszene *Prolog im Himmel* eröffnet Goethe die Tragödie mit einer Wette, in der Gott und der Teufel über das Wesen von Faust und dessen Verführbarkeit disputieren. Gott vertraut auf das Gute im Menschen, Mephistopheles hingegen ist überzeugt davon, Faust für sich gewinnen zu können. Dabei übersieht der Teufel, dass er selbst von Gott eingesetzt ist, um die zu Trägheit neigenden Menschen zu Taten zu bewegen. Mephistopheles hat in dieser Inszenierung keine grenzenlose, unbeschränkte Macht über Faust. Dieser wiederum trägt in sich die Formel zur eigenen Errettung und muss dafür unaufhörlich nach dem Höheren streben.

Dank seiner facettenreichen Themenfelder genießt der Faust-Mythos auch in der arabischen Literatur eine große Popularität. So ist es nicht verwunderlich, dass Motive und Symbole aus dem Faust-Stoff in den politischen und kulturellen Diskursen arabischer Länder Verwendung finden. Der Begriff *al-Fāwstiyya* taucht in den öffentlichen Print-Medien und im Internet auf und umfasst eine Vielzahl von motivischen Elementen wie Teufelspakt, Gelehrtenkrise, faustischer Geist und faustische Kraft. All diese Elemente haben symbolische Kraft und tragen zur Konstruktion des Bösen im Handeln von Intellektuellen, Wissenschaftlern gegenüber Despoten bei. Faust-Motive werden ebenfalls im Rahmen der Diskussion über Modernisierung und politische Reformen in arabischen Ländern herangezogen. Hierbei wird das Böse als ein Prozess aufgefasst.

Zu den Autorinnen und Autoren

Thomas Jürgasch studierte Theologie und Philosophie in Freiburg und Oxford. Er wurde an der Albert-Ludwigs-Universität Freiburg mit der Arbeit »Theoria versus Praxis? Zur Entwicklung eines Prinzipienwissens im Bereich der Praxis in Antike und Spätantike« promoviert und dort auch mit einer Schrift zu Ps-Dionysius Areopagita habilitiert. Seit 2020 ist er Juniorprofessor für Alte Kirchengeschichte und Patrologie an der Katholisch-Theologischen Fakultät Tübingen.

Ahmad Milad Karimi, geb. 1979 in Kabul, studierte Philosophie und Islamwissenschaft an der Universität Freiburg i. Br. und wurde 2012 mit einer Arbeit über Hegel und Heidegger promoviert. Seit SoSe 2016 ordentlicher Professor für Kalām, islamische Philosophie und Mystik an der Universität Münster. 2015 erhielt er für sein Werk *Hingabe* den Rumi-Preis für Islamische Studien. 2019 erhielt er den Voltaire-Preis für »Toleranz, Völkerverständigung und Respekt vor Differenz« der Universität Potsdam und den Deutschen Dialogpreis in der Kategorie »Wissenschaft und Bildung« des Bundes der Deutschen Dialoginstitutionen.

Walter Lesch studierte Theologie, Philosophie und Romanistik in Münster, Fribourg, Jerusalem und Tübingen. Nach den Studienabschlüssen in Tübingen (Diplom in Theologie, Staatsexamen in den anderen Fächern und Promotion zum Dr. phil.) war er von 1988 bis 1999 Wissenschaftlicher Mitarbeiter an der Universität Fribourg (Schweiz) und Forscher des Nationalfonds mit Postdoc-Projekten zur Umweltethik und zur Migrationspolitik. Seit 1999 ist Professor für Ethik (Sozialethik/Moralphilosophie) an der Fakultät für Theologie und Religionsstudien und am Institut für Philosophie der Université catholique de Louvain (UCLouvain) in Louvain-la-Neuve (Belgien).

Konrad Paul Liessmann, geb. 1953 in Villach, ist Univ. Prof. i. R. am Institut für Philosophie der Universität Wien, wissenschaftlicher Leiter des »Philosophicum Lech« und Präsident der Internationalen Günther Anders Gesellschaft. Darüber hinaus publiziert er als Essayist und Kolumnist regelmäßig in nationalen und internationalen Medien. Zuletzt sind erschienen: Bildung als Provokation (2017); Der werfe den ersten Stein. Mythologisch-philosophische Verdammungen (2019, gem. mit Michael Köhlmeier); Alles Lust will Ewigkeit. Mitternächtliche Versuchungen (2021); Lauter Lügen und andere Wahrheiten (2023); Gedankenspiele über die Verantwortung (2023).

Maryam Palizban (Dr. phil.) ist Theaterwissenschaftlerin, Autorin, Schauspielerin. Sie ist Research Fellow am Zentrum für Islamische Theologie an der Universität Münster und Wissenschaftliche Koordinatorin des Projektes »Leib und Leiblichkeit«. Sie promovierte an der Freien Universität Berlin und dem Zentrum für Literatur- und Kulturforschung über »Figurationen des Märtyrers« in der Ta'ziya, dem iranisch-schiitischen Theater-Ritual. Sie war Research Fellow am Käte Hamburger Kolleg der Ruhr-Universität Bochum. Im Iran ist sie als Filmschauspielerin durch Filme wie Deep Breath (Cannes, 2003) und Lantouri (Berlinale, 2016) sowie als Dichterin bekannt. Ihre Dissertation »Performativität des Mordes« ist 2017 beim Kadmos Verlag erschienen.

Iyad Shraim, geb. in Amman, Jordanien, studierte deutsche und französische Philologie an der University of Jordan in Amman. Viele Jahre war er als zweisprachiger Reiseleiter in Jordanien tätig. An der Universität Münster studierte er Germanistik, Arabistik, Politikwissenschaften und wurde dort im Fach Germanistik promoviert. Er lehrt an der Universität Hamburg die arabische Sprache, Literatur und Kalligraphie. Seine Forschungsinteressen sind weiterhin die Rezeption der deutschen Literatur in der arabischen Welt, die Wechselwirkung zwischen Literatur und Wissenschaft sowie Literatur und Kunst.

Reinhold Zwick, geb. 1954 in Vohenstrauß/Opf., studierte Kath. Theologie und Germanistik an der Universität Regenburg. Dort 1988 Promotion zum Dr. theol. mit einer narratologischen Studie zum Markusevangelium, und 1997 Habilitation mit einer Arbeit zur »Evangelienrezeption im Jesusfilm«. Von 1996 bis 2001 Professor für »Exegese des Alten und Neuen Testaments« an der Kath. Fachhochschule Freiburg i. Br. Ab SoSe 2001 bis SoSe 2020 Professor für »Biblische Theologie und ihre Didaktik« an der Kath.-Theol. Fakultät der WWU Münster. Seit Anfang der 1990er Jahre Mitglied der »Kath. Filmkommission für Deutschland« und der »Internationalen Forschungsgruppe Film und Theologie«. Zahlreiche Publikationen, v.a. zum Dialog von Theologie und Film.